Sus Opciones

Pensamiento Proactivo en un Mundo Incierto

Sus Opciones

Pensamiento Proactivo en un Mundo Incierto

"Al no prepararte te estás preparando para fracasar".

Benjamin Franklin

Luis A. Ramirez

Copyright © 2019 por Luis A. Ramirez. Todos los derechos reservados.

Ninguna parte de esta publicación puede reproducirse, almacenarse en un sistema de recuperación ni transmitirse de ninguna forma ni por ningún medio, ya sea electrónico, mecánico, fotocopiado, grabado, escaneado o de otro modo.

Límite de responsabilidad / Descargo de responsabilidad de la garantía: Si bien el autor ha hecho todo lo posible para preparar este libro, el autor no hace representaciones ni garantías con respecto a la precisión o integridad del contenido de este libro y específicamente renuncia a cualquier garantía implícita de comerciabilidad o idoneidad para un propósito particular. No se puede crear ni extender ninguna garantía para los materiales de seguridad o de seguridad escrita. Los consejos y las estrategias que figuran en este documento pueden no ser adecuados para su situación. Deberías consultar con un profesional apropiado. Ni el editor ni el autor serán responsables de ninguna pérdida u otros daños comerciales, incluidos, entre otros, daños especiales, incidentales, consecuentes u otros daños.

Sus opciones: Pensamiento Proactivo en un Mundo Incierto / Luis A. Ramírez.   - Primera edición

1. Liderazgo. 2. Salud y seguridad. 3. Políticas de manejo de emergencias y desastres. 4. Autoayuda. 5. Gestión de riesgos

Publicado independientemente en los Estados Unidos en 2019
En Amazon Kindle Direct Publishing

ISBN-13: 978-1704919478 (Libro en rústica)
Traducido por Jomal Nuñez
Cubierta diseñada por Ivanna F. Ciborowski

Sus Opciones

Para las víctimas, familias y comunidades afectadas por la violencia armada.

Para el valiente personal de aplicación de la ley que incansablemente y con valentía continúan manteniendo nuestras comunidades seguras.

Y a los líderes que creen en la necesidad fundamental y el derecho de entrenar proactivamente antes de que ocurra una emergencia.

Contenido

Prologo .... *vii*
Prefacio .... *ix*
Expresiones de gratitud .... *xi*
Parte Uno *1*
Su Trayecto a un Estado Mental Proactivo *1*
   1. Los Elementos Esenciales 2
   2. La Ecuación 20
   3. Características Clave 41
   4. Manejando la Incertidumbre 67
   5. Incertidumbre en el Lugar de Trabajo 103
   6. La Importancia de la Observación 125
Parte Dos: *147*
Perspectivas Sobre Opciones *147*
   7. Estrategias Clave 148
   8. Fuerza en las Opciones 159
   9. Controla el Sangrado 193
   10. Mis Pensamientos Finales 202
   Apéndice A: Compilación de Listas *218*
   Apéndice B: Notas y Enlaces *236*
Sobre el Autor *237*
Bibliografía *240*
Índice *261*

Sus Opciones

- Esta página se dejó en blanco intencionalmente -

Prologo

Hace varios años, fui profesora de Luis A. Ramírez en un programa de Maestría en Negocios para altos ejecutivos. Mientras estaba sentado en la fila de atrás, inmediatamente me pareció un ejecutivo carismático con muchas experiencias diversas que podía aportar a la conversación, no solo en términos de negocios y habilidades técnicas, sino también como veterano de los Marines, un ultra maratonista muy disciplinado y un nuevo padre.

En un ejercicio que se centró en la creatividad grupal, les pedí a los estudiantes que diseñaran el aula del futuro, todo dentro del plazo de alta presión de quince minutos. El ejercicio de Luis fue uno que nunca olvidaré: había diseñado un aula que creía que protegería de manera segura a nuestros estudiantes de los tiradores activos, así como cualquier otra amenaza potencial. Era muy diferente de cualquiera de las otras imágenes producidas por otros grupos, que incluían alta directiva talentosos en arquitectura, ingeniería y medicina, y es una imagen que recuerdo vívidamente hasta el día de hoy. Para mí, fue uno de esos momentos maravillosos en los que el alumno se convierte en maestro. Había preparado lo que pensé que era un ejercicio "divertido"; Luis vio la pregunta de una manera mucho más profunda, comprendiendo amenazas verdaderamente serias y visualizando una forma de defenderse de ellas. En los años

Sus Opciones

transcurridos desde entonces, leí artículos sobre cómo las escuelas están invirtiendo millones para equipar sus aulas con protecciones tal como lo había imaginado Luis.

Pocos años después me di cuenta de que esta imagen perspicaz no era algo que Luis había creado de la nada, sino más bien de décadas de experiencia en seguridad militar. Luis me informó que estaba comenzando su propia empresa, Fidelis, para consultar con las empresas para que se preparen para los ataques de tiradores activos y otros escenarios impensables. Me ha emocionado ver el desarrollo de su negocio, y este libro representa perfectamente el capital intelectual detrás de él.

Lo que está a punto de leer es un regalo para cualquier líder que quiera desarrollar la previsión para pensar en estas amenazas. Si bien siempre es más fácil simplemente continuar con los negocios, como de costumbre, no tenemos más remedio que enfrentar nuevas realidades hoy. Me alegra que Luis sea esa guía bien informada y accesible, para que pueda ayudarlo a navegar en estos escenarios más difíciles y guiarlo a proteger su negocio y su gente.

Tanya Menon, PhD
- Profesora de Gestión y Recursos Humanos en Fisher College of Business, Ohio State University
- Autora de *Stop Spending, Start Managing: Strategies to Transform Wasteful Habit*

Prefacio

Antes de comenzar, abordemos al elefante en la habitación.

Vivimos en una época en la que los sentimientos de miedo, entumecimiento e incertidumbre pueden parecer una norma ineludible. Los incidentes de tiradores activos han aterrorizado continuamente a muchas comunidades en los Estados Unidos de América y nos han dejado a todos preguntándonos si podemos volver a sentirnos seguros de nuevo.

Pero la pesadez de no saber si alguna vez se detendrá o disminuirá puede estar dando paso a un problema mayor. El miedo que sentimos puede llevarnos por el camino de más parálisis. Pero nunca debemos olvidar las palabras que el presidente Franklin Roosevelt nos dio cuando el país atravesaba otra crisis:

"No tenemos nada que temer sino el miedo mismo".

La seguridad con las armas es algo en lo que creo firmemente. Es una responsabilidad que aprendí cuando me uní al Cuerpo de Marines de los Estados Unidos a la edad de dieciocho años. Parte de las reglas de seguridad que se transmitieron y se espera que se memoricen establecen claramente que cada arma debe tratarse como si estuviera cargada.

Sus Opciones

También nos dijeron que nunca apuntes a algo que no tienes la intención de disparar. Reglas de seguridad bastante simples si me preguntas.

Esta capacitación se convirtió en el catalizador de mi cruzada para brindar seguridad a todos, y con el tiempo comencé a ver cómo los protocolos de seguridad de USMC (Cuerpo de Marines de los Estados Unidos) podrían aplicarse en un sentido más amplio que podría beneficiarnos a todos.

En 2018 comencé mi empresa de mitigación de riesgos. Ahora realizo seminarios y sesiones privadas de capacitación en seguridad y protección, con el objetivo de proporcionar al público los componentes fundamentales para la conciencia situacional y la preparación para la seguridad. El enfoque principal de la capacitación siempre ha sido proporcionar opciones estratégicas que uno pueda implementar durante o antes de una situación de tirador activo para manejar la incertidumbre, y me gustaría pensar que he hecho una diferencia positiva.

Esta experiencia con capacitación en desarrollo profesional me llevó a la oportunidad de publicar este mismo libro. Espero que el contenido de estas páginas pueda ayudar a personas como usted.

Manténgase consciente. Manténgase vigilante. Manténgase a salvo.

Expresiones de gratitud

Quiero agradecerle a mi esposa y mis dos hijos por su inquebrantable apoyo mientras escribía este libro. Su compromiso de comprender mi pasión por empoderar a al menos una persona en un lugar con este libro fue extraordinario. Mostraron agallas y perseverancia mientras apoyaban mi visión para ayudar contra la violencia armada de cualquier manera que pudiera.

Mi más profundo agradecimiento por el apoyo editorial incondicional, incansable y excepcional es para Michael Palladino. Este libro no podría haberse completado sin su edición y corrección de textos. Y debo dar crédito y gracias a la mejor marca de ultramaratón, Mishka Shubaly, por conectarme con Michael. Me ayudaste a terminar Vermont 100 y ahora este libro.

Por último, pero no menos importante, a mis amigos, colegas y líderes excepcionales que han apoyado mi solicitud de leer el primer borrador del manuscrito, gracias. Tenías cosas más importantes que hacer, pero estabas dispuesto a apoyarme durante el proceso. A Tanya Menon, por su disposición y disponibilidad para escribir el prólogo del libro. Ella me ha inspirado a seguir desarrollándome como líder. Y a las personas notables que he conocido durante las sesiones de capacitación para el desarrollo profesional que he

Sus Opciones

realizado en todo el país. Este libro surgió de esas experiencias y sus comentarios sinceros.

- Esta parte de la página se dejó en blanco intencionalmente -

Parte Uno

Su Trayecto a un Estado Mental Proactivo

"La intuición es como leer una palabra sin tener que deletrearla".

Agatha Christie, Muerte en la Vicaria

1

Los Elementos Esenciales

"En cualquier momento de decisión, lo mejor que puede hacer es lo correcto. Lo peor que puedes hacer es nada".

Theodore Roosevelt

Proactividad

Todos los incidentes horribles, ya sean deliberadamente causados o puramente accidentales, tienen una clara ventaja. El elemento de la sorpresa siempre está de su lado.

Si estás en un área pública, viviendo su vida y ocupándote de tus propios asuntos, es probable que una situación de vida o muerte sea una de las cosas más remotas de su mente. Pero todos hemos visto las noticias últimamente, y somos conscientes de que ciertos incidentes parecen estar en aumento, específicamente los tiroteos masivos dentro de los Estados Unidos de América.

Cuando vea estas historias en los medios, es probable que se pregunte qué haría para sobrevivir a tal evento. Puedes meterte mentalmente en ese tipo de crisis e intentar imaginar cómo ayudarías a las víctimas mientras te ayudas a ti mismo. Puedes especular y crear estrategias todo lo que quieras, pero si realmente te encontraras en una de estas situaciones, ¿estarías listo? Mas aún, si está en una posición de supervisión y liderazgo, ¿qué pasos puede tomar para evitar que el peligro golpee a su negocio y personal?

Estos incidentes, por su propia naturaleza, tienen la intención de pillarte desprevenido y aterrorizar a personas inocentes. Y la desafortunada verdad es que casi siempre logran hacerlo. No existe tal cosa como la preparación completa. El elemento sorpresa es demasiado poderoso y ventajoso para cualquier acto de terror. Afortunadamente, tiene una némesis formidable, uno que sirve como su mejor aliado: un estado mental proactivo.

Desarrollar, mantener e involucrar a la sociedad con un estado mental proactivo es el conjunto de herramientas más crucial que podría tener, sin importar si se trata de inculcar medidas preventivas o de una supervivencia inmediata.

La Real Academia Española define la palabra "proactivo" como:

- *Que toma activamente el control y decide qué hacer encada momento, anticipándose a los acontecimientos.*
- *Que implica acción o intervención activa.*

El objetivo de este libro es incorporar comportamientos proactivos en sus instintos y conciencia. Al hacerlo, desarrollará y mantendrá sus habilidades para anticipar y observar los cambios dentro de su entorno. Piense en ello como amplificando y aumentando su modelo mental. Los modelos mentales son marcos que has desarrollado con el tiempo para ayudarlo a interpretar cómo funciona el mundo y comprender las relaciones entre las cosas. Al desarrollar un estado mental proactivo, su modelo mental se reforzará con las experiencias únicas que ha alcanzado en la vida, que lo ayudarán a conectar los puntos. Le animo a utilizar estas experiencias anteriores y combinarlas con la información presentada en este libro. Al hacerlo, puede continuar construyendo sobre su propio modelo mental personal que lo ayudará a desarrollar un plan de juego en previsión del peligro.

Pero construir este modelo mental no es donde termina el proceso. Se le debe dar mantenimiento. Piensa en ello como un escudo. Para alguien que no tiene la destreza y no está familiarizado con tal cosa, el escudo podría ser solo un trozo de metal grande y engorroso. Sin embargo, alguien que se ha tomado el tiempo de aprender, no solo cómo usarlo de manera efectiva, sino también cómo mantenerlo en su mejor condición, ahora tiene el poder de crear su propio destino.

A lo largo de este libro, le proporcionaré los conocimientos que necesitará para aprender a usar adecuadamente ese escudo metafórico. Aprenderá a pensar al menos un paso adelante en todo momento. Aprenderá por qué es importante permanecer alerta. Aprenderá a identificar las señales de advertencia. Aprenderá las opciones disponibles para usted si se produce un peligro. Esencialmente, aprenderá cómo mantener adecuadamente su "escudo" para que esté preparado y listo.

Intuición

La intuición es poderosa. Puede que no sea visible o tangible, pero todos tenemos la capacidad de sentir si algo está dentro de la norma o fuera de ella. Es el sentimiento que tenemos cuando algo no está bien. Las personas siempre confían en su intuición cuando toman decisiones a lo largo del día. Muchas personas están en sintonía con su propia intuición, pero otras están demasiado preocupadas como para prestar atención a posibles riesgos o peligros.

Todos nacen con la previsión que se requiere para detectar formas de peligro sin tener una comprensión completa de su magnitud particular. No es diferente a un sistema de radar, ya que nos ayuda a detectar factores, amenazas y peligros ambientales o de origen humano que nos rodean. Si nuestra alarma suena, debemos decidir si la amenaza significa que debemos evadir, crear una barricada, defender, atacar, notificar a las autoridades o incluso asumir la responsabilidad de investigar y determinar si es simplemente una falsa alarma.

Sus Opciones

Considere las fortalezas o debilidades de los niños dentro de su sentido de intuición. Si notan algo que es anormal para ellos, su intuición se pone en marcha casi de inmediato. La fuerza intuitiva de un niño les permite amplificar sus mentes curiosas, mejorando así su modelo mental respectivo. De hecho, esta fuerza puede ser tan poderosa que casi niega cualquier debilidad que el niño tenga con su intuición para empezar. Dado que sus mentes son perpetuamente curiosas y abiertas a información nueva, pueden aprender fácilmente de cualquier error pasado que hayan cometido al identificar posibles peligros.

Por ejemplo, mi hijo de dos años siempre está explorando el mundo y absorbiendo información a través de cada experiencia, sin importar cuán insignificante pueda parecerle a usted o a mí. A menudo está muy concentrado en el asunto en cuestión, captando cualquier detalle que surja frente a él, que luego se almacena como un dato en su base de datos mental.

Una de las caricaturas que le gustan especialmente se llama *BabyBus*. El programa se centra en satisfacer las necesidades educativas de los niños en edad preescolar, mientras adopta la seguridad como su objetivo principal. Un día, nuestra alarma de incendios se disparó mientras cocinaba. Mi hijo dejó de hacer lo que estaba haciendo y reaccionó diciéndonos "no entrar en pánico" y que nos preparáramos para evacuar. Me sorprendió el nivel de datos que absorbió al ver *BabyBus* (BabyBus, 2018). Reconoció el peligro al confiar en el modelo mental que aprendió del programa, a pesar de que no tenía ninguna perspectiva del "mundo real". Su intuición se activó y reaccionó en consecuencia.

Todos los adultos tienen la misma capacidad intuitiva que poseen los niños, pero en algún momento, la autocomplacencia toma lugar y esta capacidad se minimiza. A medida que envejecemos, nuestro sentido de la intuición puede comenzar a apagarse. Los adultos han desarrollado el hábito de tratar de analizar el peligro repentino antes de considerar tomar alguna medida.

Tome el tiroteo de El Paso 2019, por ejemplo. Según los testigos, un niño corrió dentro de una tienda cercana y le dijo a la gente "hay un tirador activo en Walmart". Ningún adulto tomó la notificación del niño lo suficientemente en serio. Lamentablemente, el mensaje del niño fue perfecto, pero la intuición del adulto tuvo que ser validada antes de tomar cualquier medida, pero para entonces ya era demasiado tarde. (O'Kane, 2019)

Por favor, comprenda que es arriesgado descartar cualquier indicador o variable de amenaza. Deberíamos intentar eliminar cualquier parcialidad predeterminado como:

"No hay peligro donde estoy".

"Esta es una ciudad segura".

"Eso solo sucede en las grandes ciudades, no en mi ciudad natal rural".

"Nunca pensé que algo así sucedería aquí".

"Nunca me va a pasar aquí / a mí".

"Creo que nunca pensé que podría suceder aquí".

"Nunca pensamos que estaría tan cerca de nosotros esta vez".

"Ves en las noticias todo el tiempo, pero no crees que pueda pasar aquí hasta que pasa".

"Nunca pensamos que estaría tan cerca de nosotros esta vez".

"No pensé que algo así me pasaría, y especialmente aquí no".

Pensar así puede sentar las bases para un mundo de riesgos potenciales. Si no estamos en sintonía con las variables que componen nuestro entorno, ¿de qué sirve la intuición?

Nunca subestimes esa sensación extraña que tienes cuando sabes que algo está fuera de lo normal. Siempre hay una razón por la cual sus alarmas mentales deberían activarse, ya sea que pueda señalarlo o no. Confía en ese radar intuitivo. Algo como un niño corriendo hacia su entorno inmediato y notificándole de un tirador activo debe tomarse muy en serio. Verifique si debe hacerlo, pero reaccione de inmediato y en consecuencia.

A lo largo de su vida, ha habido casos que moldearon su sentido de la intuición en algún nivel. Podría haber sido algo muy traumático, o incluso algo mucho más benigno. Incluso podría haber sido algo positivo, como la sensación que experimentó cuando finalmente dominó una habilidad que había estado practicando sin descanso. Sea lo que sea, su subconsciente lo anotó. Absorbiste los datos, los analizaste y los guardaste en su disco duro mental, porque en el fondo sabías que podría resultar valioso más adelante. Sin lugar a dudas, estamos en un momento de la historia en el que siempre debemos estar en alerta máxima y escuchar los datos mentales que hemos podido acumular.

Su intuición es un músculo y no puedes permitir que se atrofie. Se vuelve menos efectivo cuando nos permitimos estar preocupados o distraídos. Rara vez nos damos cuenta de que nuestro entorno está formado, en gran medida, por fuerzas de la naturaleza, personas o sistemas en constante cambio, cada uno de ellos actuando como variables perpetuas. Su punto de vista y su capacidad para escuchar su entorno son herramientas estratégicas que puede utilizar para su ventaja. Su capacidad para detectar cambios en su entorno, ya sean obvios o sutiles, es primordial. Hacerlo te ayudará a usar imágenes y sonidos para mejorar su conciencia y tomar decisiones en segundos durante momentos de estrés e incertidumbre.

Los bombardeos del Domingo de Pascua que ocurrió en Sri Lanka el 21 de abril del 2019 sirven como un excelente ejemplo de esto. Estos bombardeos fueron parte de un ataque coordinado que apuntó a cristianos y turistas, resultando en 259 muertes y más de 500 heridos. (Khushbu Shah, 2019) Si echas un vistazo a los videos de YouTube que muestran los momentos previos al bombardeo, notarás cómo las variables dentro del entorno son diferentes. Las personas que ejecutaron estos ataques llevaban lo que parecen ser mochilas extremadamente pesadas. (GlobalNews, 2019) Esto puede no ser algo cuestionable ya que los turistas suelen llevar mochilas en ciudades como Sri Lanka, pero la determinación en su caminata junto con las bolsas de gran tamaño es una buena indicación de que algo está fuera de la norma.

En el Capítulo 3, verá ejemplos de indicadores de amenazas a los que debe prestar atención en su entorno. Aquí hay una lista preliminar que debe considerar durante el transcurso de su día:

Lista de Verificación de Seguridad Mental a Considerar Durante Todo el Día

1. ¿Ha aumentado o disminuido el flujo de personas?
2. Compara cómo se viste la gente. ¿Hay alguien que se destaque?
3. Observe el ritmo de la caminata. ¿Alguien se destaca?
4. ¿Son típicos los sonidos que está escuchando en relación con su entorno?
5. ¿Han cambiado las cosas en la seguridad física de la propiedad, como puertas abiertas, entreabiertas o abiertas?
6. ¿Conoces tu ruta de salida o puertas de salida?

7. ¿Ves un comportamiento anormal?
8. ¿Alguien te sigue?

La Autocomplacencia y Vigilancia

Cuando te pones demasiado cómodo, te vuelves demasiado autocomplaciente. Y en los momentos previos a una posible emergencia de vida o muerte, la autocomplacencia mata. Deja la puerta abierta para percances y oportunidades perdidas para identificar posibles riesgos o amenazas. Al instalarse en su zona de confort, renuncia a la capacidad de reaccionar ante una situación y termina debilitando sus habilidades de toma de decisiones.

Los perpetradores siempre buscan explotar las debilidades y vulnerabilidades. Una vez que muestra estos signos, puede ser demasiado tarde. Siempre trate de no bajar la guardia. Manténgase alerta y consciente de su entorno. En cierto modo, la zona de confort está en el mismo código postal que la zona de peligro.

La otra cara de la autocomplacencia es la vigilancia. Es importante reconocer que la vigilancia no significa paranoia. Es solo el concepto de permanecer alerta durante todo el día. Debes escudriñar su entorno siguiendo su lista de verificación mental y usar su intuición para asegurarte de estar al menos un paso por delante de cualquier peligro potencial.

Sus Opciones

Aquí hay seis ejemplos de variables de seguridad física que puede encontrar en entornos públicos o privados: barreras, recursos de seguridad física, tecnología, control de acceso, escolta y protocolos de seguridad. Al permanecer vigilante y reconocer estas características de seguridad física dentro de su entorno, puede reducir los factores de riesgo y aumentar las probabilidades de seguridad y supervivencia.

Seis ejemplos de características de seguridad física

1. Barreras
2. Recursos de seguridad física [campo]
3. Tecnología
4. Control de acceso
5. Escolta
6. Protocolos de seguridad

Barreras

Piensa en las barreras como capas. Estas capas traerán un elemento de territorialidad entre usted y los demás. Las barreras pueden considerarse naturales o artificiales. Barreras naturales pueden ser montañas, zanjas, agua o cualquier otro obstáculo que sea geográfico y difícil de cruzar. Las barreras hechas por el hombre son estructuras protectoras como cercas, paredes, pisos, bloqueos de carreteras, letreros u otros elementos que impiden la capacidad de una persona de comunicarse con usted. Idealmente, debería ser difícil para cualquiera penetrar en una capa de seguridad.

Entonces, si está dentro de un edificio, obviamente estará rodeado de paredes, techos, ventanas, puertas, etcétera. Estas oportunidades actuales para obstruir el camino entre usted y la amenaza de peligro, pero lo contrario también puede ser cierto. Si ve una brecha en la medida de seguridad, no importa cuál sea, debe cuestionarla.

Un buen ejemplo sería puertas abiertas en un área particular, una en la que las puertas deben estar cerradas y aseguradas, o si hay un objeto que bloquea visualmente una entrada. Si la puerta está abierta, ciérrela. Si la puerta está físicamente bloqueada, intente eliminar ese obstáculo. Este ejemplo es aplicable en entornos tales como un entorno escolar, un lugar de culto o una sala de cine. Estos son ejemplos de vulnerabilidades que debilitan la seguridad física de cualquier instalación y pueden llevarlo a usted y a quienes lo rodean a convertirse en objetivos potenciales.

Recursos de Seguridad Física

La seguridad física tiende a pasarse por alto en estos días, o al menos no se toma tan en serio como antes. Esto es probable porque se presta más atención a la ciberseguridad, o tal vez por razones

Sus Opciones

"presupuestarias". Si no hay obstáculos que impidan a los perpetradores potenciales, está haciendo de su organización, clientes, activos y personal un blanco fácil. Para optimizar y reforzar la seguridad de sus instalaciones, considere instalar y utilizar cercas, cerraduras, tarjetas de control de acceso, sistemas de control de acceso biométrico o sistemas de extinción de incendios. Tácticas como esta asegurarán que su instalación y sus habitantes serán lo que se llama un "blanco difícil".

El término se explica por sí mismo. Un tirador activo tiene dos ventajas desde el principio. Tienen el elemento de sorpresa de su lado y un arma mortal en sus manos. No debe pasar por alto las posibles medidas u oportunidades que ayudarán a dificultar las cosas para que el perpetrador lleve a cabo su plan.

Además, sus recursos de seguridad física deben ser integrales y estar completamente monitoreados. Considere seriamente instalar cámaras de vigilancia y sistemas de notificación con sensores de detección de intrusos y/o sensores de calor, si aún no lo ha hecho. Las políticas y procedimientos estrictos también deben desarrollarse y probarse con su personal. Estos recursos no deben acumular polvo ni quedarse en el olvido. La seguridad de su organización es mucho más importante que el presupuesto de la empresa.

Los perpetradores a menudo son muy observadores de cómo se llevan a cabo sus operaciones de seguridad física, o si no se llevan a cabo en absoluto. A menudo prueban sus planes haciendo una carrera en seco de algún tipo para poder detectar posibles debilidades. Siempre asuma que cualquier persona que quiera representar una amenaza hará su tarea de antemano.

Tecnología

Tomemos los detectores de metales como ejemplo. Si le preocupa que las personas ingresen a sus instalaciones con un arma de fuego o un cuchillo, la instalación de detectores de metales servirá como una capa adicional de seguridad. Pero simplemente tener las herramientas no es suficiente. Le deben dar mantenimiento y verificarse regularmente para asegurarse de que funcionan correctamente y como deben. La tecnología defectuosa u obsoleta es esencialmente basura que solo existe para presentar una ilusión de seguridad.

Las cámaras de seguridad son notorias por esto. Muchas instalaciones las "instalan" pero no las conectan a un sistema de monitoreo y grabación. En los casos en que están conectados a un sistema, es posible que la instalación no verifique que se le de mantenimiento o que la reparen según sea necesario.

Si todo lo que desea es una herramienta de seguridad que pueda "disuadir" amenazas potenciales con solo ser visto, ¿por qué no poner un espantapájaros?

Dependiendo a quién le preguntes, algunos dirán que las cámaras de seguridad "ficticias" ayudan con la disuasión. Yo diría que esto puede exponer a la organización o empresa a responsabilidad legal y financiera. Si el liderazgo sabe que existe un riesgo potencial de seguridad e instalan voluntariamente una función de seguridad ficticia, podrían estar abriendo la puerta a problemas mucho más grandes en el futuro. El liderazgo tiene el deber fiduciario de proteger a las personas y la propiedad. Nunca deben cortar esquinas solo para crear una falsa sensación de seguridad.

Tomemos el asesinato de la estudiante de la Universidad de Utah Mackenzie Lueck, por ejemplo. Cuando desapareció el 17 de junio del 2019, los investigadores declararon que "las cámaras no podrían haber capturado ninguna evidencia de su desaparición". Esto se debe a que las cámaras, ubicadas en el último lugar conocido en el que se sabía que estaba Lueck, no grabaron nada en lo absoluto. (Moser, 2019) y (CBS News, 2019)

Una Palabra Sobre la Tecnología v. la Preparación

Discutamos la tecnología un poco más. A veces parece que hemos logrado un progreso tecnológico de un siglo en las últimas dos décadas, ¿no es así? Las herramientas de seguridad son, sin duda, increíblemente cruciales. Pero hay un lado negativo de esto, en que las capacidades tecnológicas pueden inculcar una especie de mentalidad de "configurar y olvidar". Puede inducir a algunas personas a pensar que la tecnología esencialmente hará la mayor parte del trabajo por ellas.

Aquellos que se suscriben a esa línea de lógica se encontrarán con un rudo despertar si surge un incidente. El equipo de seguridad no reemplaza su propia vigilancia. Las herramientas son solo una parte de la ecuación. La seguridad de su instalación no es algo que pueda automatizarse completamente.

Control de Acceso

Equilibrar las operaciones comerciales con medidas de seguridad puede ser un desafío. Pero encontrar un terreno medio razonable que no arriesgue el impacto en sus activos es crucial. La propiedad, el personal y los datos confidenciales son activos de la compañía que deben mantenerse seguros y protegidos.

Las personas deben ser examinadas antes de ingresar a una instalación, si es necesario. Los vendedores, visitantes, clientes, empleados y cualquier otra persona que intente ingresar a las instalaciones siempre deben pasar por el mismo proceso de control de acceso. No hacerlo muestra signos de autocomplacencia y vulnerabilidad. Las listas, las tarjetas de identificación, los procesos de intercambio de credenciales y las escoltas de personal fortalecen la seguridad de una instalación y muestran posibles amenazas de que usted y su personal vean la seguridad como una alta prioridad.

Los departamentos de Recursos Humanos deben trabajar en conjunto con los departamentos de seguridad para desplegar estratégicamente un sistema como el mencionado tarjetas de identificación. Estas tarjetas deben ser únicas, difíciles de duplicar y proporcionar información visualmente identificable. También debe introducirse y aplicarse una política organizativa de visitantes. Este acto de vigilancia proporcionará otra capa de seguridad para reducir la capacidad de un mal actor de traer armas o dispositivos dañinos.

Escolta

El movimiento descontrolado es una vulnerabilidad que pone en riesgo a muchas empresas y organizaciones. Todos los visitantes deben estar acompañados en toda la instalación por una escolta para reducir la probabilidad de espionaje, vandalismo o robo. Esta práctica debe incluirse en la política de visitantes de la organización mencionada anteriormente. Crea otra capa de seguridad para proteger la naturaleza sensible de sus operaciones internas y áreas restringidas. En mis propios recorridos de seguridad personal, he sido testigo de contratistas que trabajan de forma independiente dentro de las instalaciones durante el horario comercial normal, así como fuera de horario. ¿Qué se puede decir que estas personas no recopilan secretamente información confidencial para los competidores, ni siquiera plantan artículos peligrosos que pueden dañar a las personas en un momento posterior?

Protocolo de Seguridad

Como parte de su política organizacional de visitantes, la implementación de un registro electrónico de visitantes es una estrategia altamente beneficiosa. Estos sistemas rastrean quién ingresa a sus instalaciones y pueden proporcionarles sus respectivas reglas de seguridad y prácticas de seguridad.

Me impresionó especialmente uno de los sitios de clientes que visité recientemente. Al ingresar a un vestíbulo, me remitieron de inmediato a un iPad que describía las expectativas y restricciones de seguridad de la instalación. Luego se me indicó que firmara su libro de registro de visitas de la organización. Una vez que lo hice, recibí una versión electrónica de lo que había firmado. Este paso simple pero altamente proactivo sirve como una advertencia para cualquier visitante que pueda tener malas intenciones, además de forzar físicamente una sensación de seguridad con sus empleados.

2

La Ecuación

"Saber no es suficiente. Debemos aplicar. Dispuesto no es suficiente. Debemos hacer".

Bruce Lee

Cuando comienzas a pensar seriamente en el comportamiento proactivo y lo que implica, pronto te das cuenta de que puede ser una noción muy compleja. Pero cuando lo reduce, se trata de manejar la incertidumbre lo mejor que pueda. También es saber qué hacer con la información o los recursos que tiene a su disposición para manejar esa incertidumbre. Las personas que son proactivas pueden tener una combinación de las siguientes diez características:

Diez características de las personas proactivas

1. Están facultados para tomar una decisión.
2. Planean para el futuro, por lo que están preparados para actuar antes de estar en peligro.

3. Consideran posibles escenarios y anticipan lo que puede suceder antes de que suceda.
4. Mantienen una lista organizada de algún tipo.
5. Toman iniciativa, identifican y analizan riesgos mientras se mantienen conscientes de sus respectivas consecuencias.
6. Están comprometidos y tienen una imagen mental de cómo resolver un problema (una ruta de respuesta).
7. Tienen previsión y son capaces de anticipar situaciones (peligro, incidentes, crisis) antes de que ocurran.
8. Ensayan medidas preventivas.
9. Actúan y no postergan.
10. Se hacen responsables.

Después de revisar esta lista, ¿con cuántos de estos puede relacionarse? Si su respuesta es poca, si es que tiene alguna, entonces tiene la oportunidad de agudizar sus habilidades proactivas.

La definición del diccionario de "proactivo" se citó anteriormente en este libro, pero, sin embargo, un concepto como este puede tener una especie de significado abstracto, uno con diferencias sutiles en la interpretación de persona a persona. Esta lista de características proporciona una idea de cómo puede hacer un cambio hoy para ser verdaderamente proactivo. El hilo común que notará en esa lista es que las personas proactivas toman la iniciativa y no esperan que otros los guíen en su proceso de toma de decisiones. Esta es una habilidad que se puede desarrollar a través de la práctica continua de abordar y analizar un conjunto diverso de situaciones con un estado mental proactivo.

Obviamente, no puede predecir lo que sucederá en sus actividades diarias. Pero si se prepara y tiene la mentalidad adecuada, estará en una mejor posición para manejar la incertidumbre. Tenga en cuenta que la preparación no solo es aplicable para situaciones de gestión de crisis. La vida siempre requiere que tengas un cierto nivel de preparación. El lema "Siempre Listo" no es estrictamente para los Boy Scouts, después de todo.

Piense en cuándo se está preparando para viajar al extranjero o por todo el país. Usted organiza su ropa según el destino que visitará, organiza sus artículos de tocador de acuerdo con la cantidad de días que viajará y toma las medidas necesarias para administrar sus finanzas con anticipación. Este es un excelente ejemplo de preparación en relación con una situación futura.

Otro ejemplo de proactividad se puede ver en la ética de trabajo de ciertos individuos. Hay personas que esperan que se les diga qué hacer y cuándo hacerlo. Reaccionan a los problemas en lugar de adelantarse a ellos. Por otro lado, una persona proactiva busca retroalimentación y analiza las tendencias en el lugar de trabajo en vez de esperar que sus colegas o clientes brinden la información necesaria. Cuando surgen problemas, toman la iniciativa y buscan una solución en lugar de esperar a que la situación pase. Si la previsión y la iniciativa pueden adelantarte en su carrera, solo piensa en lo que pueden hacer en su vida diaria.

La Ecuación de Proactividad

Ser proactivo es vital para la forma en que realiza su día, especialmente a medida que avanzamos hacia la nueva década. Como dije antes, un bajo nivel de proactividad en cualquier faceta de nuestras vidas puede ser el mayor determinante para nuestra seguridad, especialmente cuando trabajamos con colegas o en las escuelas con estudiantes y profesores.

Para ayudar a desarrollar un estado mental proactivo, he creado una ecuación conceptual y analítica que debería ayudarlo a inculcar comportamientos proactivos. Si se sigue correctamente, debería ayudarlo a evaluar lo que necesita hacer para mantenerse un paso adelante e identificar todas y cada una de las formas accionables en las que puede desarrollar aún más su propia previsión.

Esta "ecuación de proactividad" tiene once variables para medir el estado mental proactivo, con diez en el numerador y uno en el denominador. La ecuación misma está representada en la Figura 2.1. Aumentar el valor de los factores en el numerador aumenta el valor de la proactividad. Disminuir el valor del denominador - totalidad de las circunstancias - disminuye el valor de la proactividad. Este elemento es la variable más importante en la ecuación de proactividad.

Sus Opciones

Recuerde que la falta de autoconciencia puede hacer que toda la ecuación se vuelva inútil. Debe confiar en sí mismo durante todo el proceso y comprender que no importa cuán difíciles sean las cosas, podrá estar a la altura de las circunstancias y tener éxito en salvarse a sí mismo y a los demás con una actitud mental positiva.

FIGURA 2.1: Ecuación de proactividad

$$P^1 = \frac{(P^2 + C + P^3) * (P^4 + L + E^1 + E^2 + T) * (SA + DM)}{ToC}$$

PCP (Consulte la figura 2.2 para obtener más información)
PLEET (Consulte la figura 2.3 para obtener más información)

Dónde:

P^1 = Proactivo
P^2 = Percepción
C = Comprensión
P^3 = Proyección
P^4 = Personas
L = Lugar
E^1 = Evento
E^2 = Entorno
T = Tiempo (Hora)
SA = (Siglas en Ingles) = Autoconciencia
DM = (Siglas en Ingles) = Toma de Decisiones
ToC = Totalidad de Circunstancias

Cada componente de esta ecuación es algo no circunstancial cuando se mira individualmente. Pero cuando das un paso atrás y analizas el panorama general, juntos cree un paquete total que pueda reforzar su mentalidad proactiva.

$P^2 + C + P^3$

1. Percepción

La percepción califica la eficacia con la que recopila datos dentro de su situación, ubicación y entorno actuales. Por ejemplo, ¿percibe su entorno actual como normal o agresivo? ¿Te estás asegurando de estar al tanto de los comportamientos y gestos de las personas? ¿Algo parece anormal? Escucha su intuición. ¿Qué te dice?

2. Comprensión

¿Percibes una amenaza o te sientes seguro? Esta pregunta puede responderse utilizando su propia interpretación precisa de los datos que ha acumulado al analizar sus factores ambientales.

3. Proyección

Ahora combine percepción y comprensión. Según el resultado que obtenga, ¿qué anticipa que sucederá? Intente practicar desarrollando un escenario potencial en su mente y asegúrese de planificar mentalmente un plan de salida o una estrategia reactiva.

Sus Opciones

$P^4 + L + E^1 + E^2 + T$

4. Personas

Tenga en cuenta la ropa, las acciones y el comportamiento general de las personas. Por ejemplo, la ropa que es contraria a las condiciones climáticas actuales, como una gabardina en verano, debe verse como una bandera roja. Otro ejemplo podría ser algo así como una persona que usa equipo militar o táctico en un centro comercial u otra área comercial.

5. Lugar

Comprender cómo actúan los individuos dentro de su cultura es de vital importancia. Cuando esté educado y consciente de las complejidades culturales, la diversidad y las normas relacionadas con la forma en que las personas de diferentes culturas interactúan entre sí, lo ayudará a identificar o descartar una amenaza potencial.

6. Evento

Cada ubicación tiene sus propios factores ambientales. En este contexto, el "entorno" se refiere a todas las dinámicas en una ubicación actual, como la seguridad, la delincuencia o incluso el clima. Comprender los factores ambientales respectivos podría ayudarlo a identificar o descartar una amenaza.

7. *Entorno*

Tener una comprensión inicial del lugar que está visitando lo ayudará a desarrollar la conciencia en términos de qué tipo de actividad y etiqueta es típica del entorno. Por ejemplo, los ruidos fuertes y los comportamientos agresivos pueden ser típicos en un estadio deportivo, pero no en una biblioteca.

8. *Tiempo (Hora)*

La hora del día, año o temporada puede alterar los factores de seguridad de un entorno en particular. Es importante comprender las diferentes dinámicas durante estos tiempos, ya que hacerlo puede ayudarlo a identificar o descartar una amenaza. Como ejemplo, el Servicio Secreto de los EE. UU. identificó que los ataques de disparos activos ocurrieron "en todos los meses, excepto en diciembre, y ocurrieron todos los días de la semana. Más de la mitad de los incidentes tuvieron lugar entre las 7:00 a.m. y las 3:00 p.m.". (Servicio Secreto de EE. UU., 2019)

Esta información por sí sola puede ayudarlo a mantenerse informado desde un marco estadístico.

Sus Opciones

SA + DM

9. Autoconciencia

Este paso se refiere a cuán claramente conoce sus fortalezas, debilidades, miedos y capacidad de reaccionar a los cambios de su entorno mientras está bajo presión. Manténgase al tanto de su entorno y de cualquier riesgo que pueda existir. Comprender cómo manejas la ansiedad y el estrés también es un aspecto clave de la autoconciencia. Todo esto sumará y fortalecerá su capacidad para tomar buenas decisiones.

10. Toma de decisiones

"En la práctica, la toma de decisiones segura depende de la extracción continua de información técnica y ambiental, así como de la integración del conocimiento para formar una imagen mental coherente que ayude a la percepción directa y anticipe eventos futuros". (Dominguez, 1994) Esto se reduce a cómo procesa la información que ha reunido y cómo seleccionar qué opción tomar.

ToC

11. Totalidad de las circunstancias

La "Totalidad de las circunstancias" se desarrolla completamente una vez que todos los factores que conoce son analizados a través del lente de toda la información que ha reunido en su entrenamiento. Recuerde, cada uno de estos factores no significará mucho por sí solo, pero la suma de todas sus partes combinadas le brinda una imagen general que cubre casi todos los aspectos de una amenaza potencial.

Una Mirada Más Cercana a PCP

La Doctora Mica R. Endsley ha liderado el campo de la conciencia situacional con su investigación innovadora. Los tres niveles de conciencia situacional de la Dra. Endsley, el "PCP" antes mencionado (Percepción, Comprensión y Proyección) proporcionan un marco tangible que permite nuestra comprensión a través de su aplicabilidad en nuestras vidas. (Endsley, 1995) Las fases de PCP se muestran en la Figura 2.2.

FIGURA 2.2: Gráfico PCP

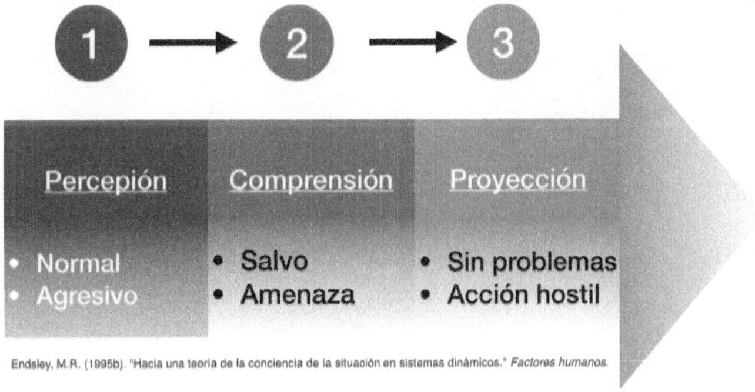

Percepión	Comprensión	Proyección
• Normal	• Salvo	• Sin problemas
• Agresivo	• Amenaza	• Acción hostil

Endsley, M.R. (1995b). "Hacia una teoría de la conciencia de la situación en sistemas dinámicos." *Factores humanos.*

Sus Opciones

Percepción

Cuando ingresa a cualquier entorno, o incluso si ya está presente en dicho entorno, naturalmente recopila fragmentos de datos circundantes. Estos datos pueden presentarse como de naturaleza auditiva o visual. Como ejemplo, puede estar lo suficientemente cerca de una persona o personas para espiar su conversación y escuchar posibles amenazas. Tal vez vea algo sospechoso como una bolsa de gimnasia abandonada en un área pública. Los datos pueden incluso presentarse en sentido olfativo, como algo que se puede oler, como una fuga de gas. Estos datos, combinados con su intuición, lo ayudarán a detectar si el entorno es normal o si es posiblemente agresivo.

Comprensión

Este componente básico de la intuición lleva a comprender su situación actual y aplicar esos datos a su modelo mental preestablecido. Sus experiencias personales con la detección del peligro en momentos previos de su vida permitirán que su modelo mental personal determine si se siente seguro o si es una amenaza. Piense en ello como recordando su pasado para reconocer su presente y poder predecir su futuro.

Proyección

Como se mencionó anteriormente, los factores ambientales juegan un papel importante en la anticipación del peligro. Aquellos de nosotros que jugamos ajedrez, incluso casualmente, sabemos que debemos anticipar el panorama general y no solo el movimiento actual. Entonces, ¿cómo te mantienes alerta y al tanto del peligro? Sales y vives su vida. Cuanto más se exponga a diversos escenarios, mejor será para proyectar lo que pueda suceder en el futuro. Obviamente no estoy sugiriendo que busques situaciones peligrosas y te arrojes voluntariamente a ellas. Puede exponerse mentalmente a estos escenarios en su vida cotidiana, lo que ayudara a entrenar su mente para percibir las posibilidades de peligro en cualquier entorno. Practicar esto regularmente es uno de los muchos pasos cruciales en el desarrollo de su modelo mental.

Veamos una línea de trabajo en la que los protocolos estrictos pueden ser la diferencia entre la vida y la muerte: la aviación. Los pilotos profesionales tienen una lista de verificación sólida a la que deben adherirse antes del despegue, y es un gran ejemplo de conciencia situacional avanzada. Siempre deben ser conscientes de las variables dentro de su entorno antes, durante e incluso después del vuelo. Cada elemento en esa lista de verificación previa al vuelo (inspección del avión, manifiesto, comunicación con el control del tráfico aéreo) ha sido examinado a través de años de riesgos que enfrentan otros pilotos.

Sus Opciones

El reconocimiento de los errores pasados se unió uno por uno, y finalmente se reunieron en los protocolos que los pilotos usan hoy en día.

También debe tenerse en cuenta que el proceso nunca tiene una línea de meta. Los pilotos de hoy ciertamente saben mucho más que los pilotos de ayer, pero eso no significa que no mantengan sus mentes abiertas ante los peligros que aún no se han reconocido. Nunca suponga que el conocimiento que ha acumulado es todo el conocimiento que existe.

Una vez que el piloto ha revisado su lista de verificación y el avión está en el aire, también debe comprender cada componente dentro de los diversos sistemas y procesos que está administrando durante el vuelo. Esto incluye los sistemas GPS, sensores de avión, protocolos de solución de problemas y patrones climáticos, por nombrar algunos. Sin este nivel de conciencia situacional, la vida de los pasajeros y la tripulación del avión está en peligro. Tener un enfoque proactivo y centrado en la prevención garantizará que el piloto sea consciente de la situación y que sus aviones, pasajeros y tripulación estén seguros. Puede haber una configuración de piloto automático para el avión en sí, pero es seguro asumir que cualquier aspirante a piloto que pensara que la configuración del piloto automático es un reemplazo justo para su propio conocimiento de la situación nunca salió de la escuela de vuelo.

Pensamiento Proactivo en un Mundo Incierto

Tomemos esta analogía de piloto y llevarlo al nivel del suelo para que podamos entender mejor cómo se aplica a nuestro mundo cotidiano. Considere los riesgos, daños y traumas que podrían desatarse si no estuviéramos conscientes de la situación en un entorno público. Por supuesto, aquellos que se encuentran en tal situación nunca están completamente preparados, pero al emplear la conciencia, la capacidad de mitigar los riesgos puede aumentar las probabilidades de supervivencia.

Permitirse ser proactivo es, sin duda, el primer paso para permitirse ser reactivo. Cuanto antes pueda reconocer una amenaza, mejor será su respuesta a la misma y estará en una mejor posición para manejar situaciones inciertas.

Una Mirada más Cercana a PLEET

A medida que la vida se ha vuelto más compleja se ha amplificado la necesidad de comprender las presiones sociales que enfrentamos a diario. Aunque PCP es un gran marco para comprender la conciencia situacional, por sí solo puede no ser suficiente. Debemos utilizar los factores y variables contemporáneos y combinarlos con el proceso de PCP para ayudar a tomar decisiones efectivas. Los tres niveles tienen que ampliarse incluyendo los factores ambientales que mencioné anteriormente.

Sus Opciones

Entonces pregúntese, ¿cuáles son los factores ambientales a los que debe prestar atención?

En mi propia experiencia, hay cinco de estos en total: personas, ubicación, evento, entorno y tiempo. (Se muestra en la figura 2.3)

FIGURA 2.3: Gráfico PLEET

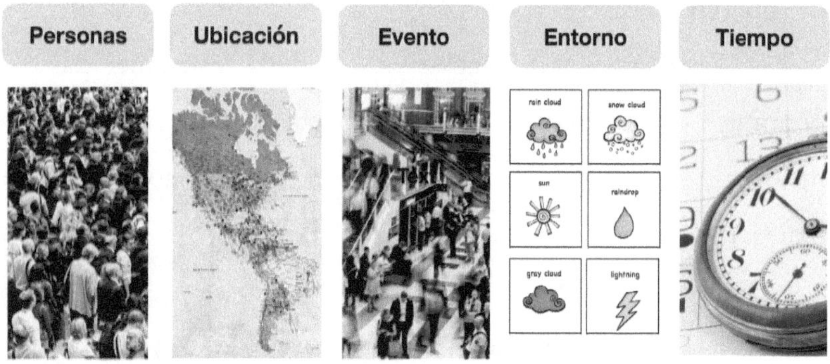

| Personas | Ubicación | Evento | Entorno | Tiempo |

1. Personas:

Aquí está monitoreando de cerca detalles como la vestimenta, los accesorios, el comportamiento y las acciones de una persona. Tal vez esté escuchando conversaciones mantenidas en un teléfono por personas cercanas, o entre personas que hablan entre ellos. En algunos casos, incluso podría estar escuchando las conversaciones que una persona podría tener consigo misma.

Pensamiento Proactivo en un Mundo Incierto

Echa un vistazo a su apariencia. Esto no significa que debas perfilar. Ciertos tipos de vestimenta religiosa o ropa "urbana" no son necesariamente indicadores de un individuo con intenciones violentas. En cambio, observe si están usando ropa que no se aplica a las condiciones climáticas actuales, como una gabardina larga en verano o equipo de combate dentro de un establecimiento comercial, estacionamiento o cualquier otra área pública.

En términos de comportamiento, ¿están actuando de forma sospechosa? ¿Tienen un comportamiento agresivo? Si respondió sí a cualquiera de estos indicadores, esta persona puede ser una amenaza potencial y debe ser observada de cerca. (Consulte las secciones tituladas "Señales de advertencia e indicadores de amenaza potencial" para obtener más información).

Aquí hay un ejemplo: una persona que usa equipo de combate sale del lado del conductor de su vehículo antes de dirigirse hacia la cajuela de su automóvil. Una vez que abren el maletero, sacan una bolsa grande y caminan agresivamente hacia una instalación como una escuela o un negocio. Si no eres lo suficientemente consciente como para detectar todas esas banderas rojas, es posible que desees pensar seriamente por qué algo así no te parece fuera de lo común.

2. *Ubicación:*

Comprender cómo actúan los individuos dentro de su cultura es de vital importancia. Conocer sus complejidades y normas culturales puede ayudarlo a identificar o descartar una amenaza potencial. ¿Escuchas personas hablando en voz alta entre ellos? ¿Las personas hablan con sus manos y discuten temas muy cercanos entre sí? Ser consciente de estas cosas puede ayudarlo a evitar llegar a conclusiones precipitadas.

Tenga en cuenta que vivimos en una sociedad diversa y globalizada y que las personas no deben ser juzgadas solo por sus gestos. Considere analizar cómo la mayoría de las personas dentro de ese entorno interactúan entre sí y luego intente aislar las acciones de una persona en particular si se destacan. Tomemos el ejemplo del bombardeo de Sri Lanka mencionado anteriormente en este libro. La gente que escuchaba las oraciones permanecía tranquila y paciente afuera de la mezquita. El perpetrador pasó rápidamente a todos con un aparente nivel de intención. Este comportamiento definitivamente sobresalió. (Global News, 2019)

Pero ¿qué tal un ejemplo que es un poco más doméstico? Pregúntese, ¿es el comportamiento estadounidense totalmente consistente dentro de los cincuenta estados? Técnicamente no. Por ejemplo, hay ciertos estados dentro de los Estados Unidos de América que tienen leyes liberales de armas. En estos estados, no es raro ver un rifle en un estante en la parte trasera de los camiones o que las personas porten sus armas de fuego en público. Arizona, Alaska, Wyoming, Vermont, Kansas, Kentucky, Mississippi, Utah, Missouri son algunos de esos estados.

Por otro lado, si una persona lleva su arma de fuego portada a un lugar público en estados como California, Connecticut, Colorado, Maryland, Massachusetts, Nueva Jersey, Nueva York o el Distrito de Columbia, eso puede generar algunas alarmas porque esos estados tienen leyes de armas mucho más estrictas.

3. Evento

Comprender su ubicación lo ayudará a desarrollar la conciencia de qué tipo de actividad es generalmente conocida o etiqueta aceptada. Se deben observar las vistas y los sonidos, y si no parecen encajar en la actividad normal que es típica de ese entorno, podrían determinarse como una amenaza.

Digamos que es el Día de la Independencia y estás viendo un espectáculo de fuegos artificiales. ¿Sería raro escuchar ruidos de estallido? Por supuesto no. ¿Qué pasa si estás en un área de servicio de un concesionario de automóviles? Probablemente escuches algunos ruidos fuertes intermitentes, ¿no? Estos ruidos no estarían fuera de lo común y, por lo tanto, lo más probable es que no se registre como una amenaza.

Sus Opciones

Por otro lado, si escucha los sonidos de "petardos" y personas que gritan o gritan dentro de una tienda de conveniencia, estos sonidos serían atípicos en relación con el entorno. Obviamente, registraría estos sonidos como amenazas potenciales.

4. Entorno:

Cada ubicación tiene sus propias complejidades ambientales. Estos pueden ser desde presencia de seguridad hasta condiciones climáticas. Comprender estos factores ambientales podría ayudarlo a identificar o descartar una amenaza.

Por ejemplo, las estadísticas muestran que la amenaza de ser secuestrado en ciertas partes del mundo es grave. El Departamento de Estado de EE. UU. emitió una advertencia de viaje para los países con la mayor amenaza de secuestro. Afganistán, República Centroafricana, Irán y Venezuela son algunos de los 35 países que describieron. (Departamento de Estado de los Estados Unidos, 2019) Por otro lado, la probabilidad de ser secuestrado en una ciudad como San Francisco es no tan severo. Al saber esto, puede ajustar su nivel de conciencia en consecuencia.

5. *Tiempo (Hora):*

La hora del día, año o temporada puede afectar el entorno de seguridad. Es importante comprender las diferentes dinámicas durante estos tiempos para ayudar a identificar o descartar una amenaza.

Supongamos que está viajando a través de un vecindario "peligroso" en Chicago a las 11:00 a.m. ¿Sería mayor su conciencia si estuviera viajando por ese mismo vecindario a las 11:00 p.m.? Absolutamente.

Si está buscando un ejemplo internacional, usemos Brasil. Cuando viaja a través de áreas turísticas en Brasil durante las épocas del año en que el turismo es lento, esto puede no causar un estado elevado de conciencia. Pero si viaja por Brasil durante su celebrado "Carnaval" en marzo, eso debería causar un mayor estado de alerta, debido al hecho de que se sabe que los perpetradores violentos se aprovechan de los turistas durante esta temporada.

Una Mirada Más Cercana a la Totalidad de las Circunstancias

Ahora que hemos revisado PCP y PLEET, permítame tomar un momento para reiterar cuán importante es la totalidad de las circunstancias. Como dije antes, esta es la base del marco y debe tomarse en serio. Recuerde, un solo factor no determinará un tirador

Sus Opciones

activo. Siempre debe tener en cuenta todos los factores disponibles en ese momento.

A medida que fortaleces mentalmente su vigilancia, inevitablemente llevarás su conciencia a muchas variables. Esta absorción de información puede parecer demasiado todo a la vez, pero no debe permitirse sentirse abrumado.

Recuerde, no hay una sola variable que determine o niegue la probabilidad de una amenaza de tirador activo. Debe considerar toda la información y los factores disponibles en ese momento para predecir con la mayor precisión posible si una amenaza es creíble.

3

Características Clave

"El comportamiento humano fluye de tres fuentes principales: deseo, emoción y conocimiento".

Platón

Señales de Advertencia

Los posibles tiradores activos no simplemente caen del cielo. Pero al mismo tiempo, tampoco llevan carteles alrededor del cuello. Si está intentando identificar uno antes de que tome alguna acción violenta, verá que no hay respuestas obvias. Solo hay señales de advertencia.

Ya hemos pasado las señales de advertencia en un nivel, así que ahora echemos un vistazo a otro. Conocer y comprender el comportamiento general de las personas es clave cuando se intenta identificar estas posibles señales de advertencia. Los comportamientos observables previos al ataque, si se reconocen temprano, podrían interrumpir cualquier plan que tengan. Según el Servicio Secreto de los Estados Unidos, el 78% de los perpetradores exhiben señales de advertencia antes de la planificación previa al ataque. (Servicio Secreto de EE. UU., 2019)

La Figura 3.1 representa lo que yo llamo el "Ciclo de Cambio en el Comportamiento Condenado". Los elementos dentro de cada cubo reflejan comportamientos preocupantes que podrían ayudar a detener o prevenir un posible ataque. Estos comportamientos pueden publicarse y reflejarse en las redes sociales u otros medios. Nuevamente, debe considerar la totalidad de las circunstancias antes de emitir un juicio sobre una persona o grupo de personas.

FIGURA 3.1: Ciclo de Cambio en el Comportamiento Condenado

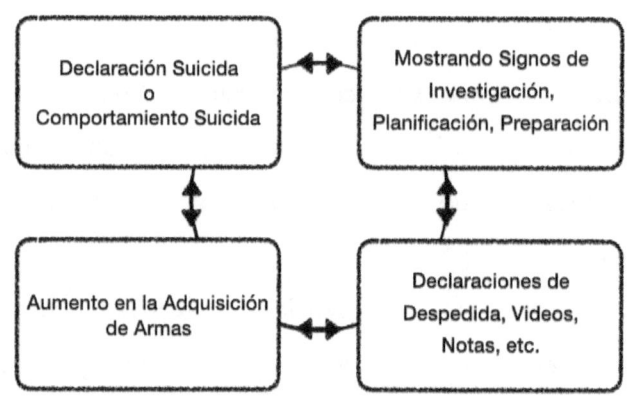

1. Declaración suicida o comportamiento suicida

¿Está el individuo haciendo declaraciones o mostrando comportamientos que parecen indicar suicidio, planificación o un interés en la destructividad hacia el mundo en general?

2. Mostrando signos de investigación, planificación, preparación

¿Muestra el individuo signos de investigación, planificación o preparación en términos de causar todos y cada uno de los actos violentos? Quizás estén estudiando incidentes de tiradores pasados y mencionando estadísticas. Un interés repentino y aparente en este tema es una gran bandera roja.

3. Aumento en la adquisición de armas

¿El individuo ha adquirido recientemente armas, municiones, equipo de protección personal, ropa táctica u otros artículos? ¿Se han involucrado en una escalada reciente de prácticas de tiro y entrenamiento con armas? Por supuesto, este comportamiento puede no estar fuera de la norma para los entusiastas de las armas de fuego, pero también puede ser algo a tener en cuenta. Sin embargo, si el interés del individuo en tales cosas se considera algo repentino y fuera de su carácter, eso debería verse como una señal de advertencia más clara.

Sus Opciones

4. Declaraciones de despedida, videos, notas, etcétera.

¿El individuo ha preparado una "declaración" o escritos de despedida? Estos pueden incluir manifiestos, videos, notas, blogs de internet o correos electrónicos. Estas declaraciones también pueden publicarse en las redes sociales.

Características del Factor de Riesgo Personal

Considere combinar los siguientes diez factores de riesgo con las señales de advertencia mencionadas anteriormente para asegurarse de hacer un caso lógico para una persona que posiblemente sea un tirador activo.

Diez características del factor de riesgo

1. Historial de abuso de sustancias
2. Amenazas específicas y directas
3. Conflictos de violencia pasados con compañeros de trabajo
4. Obsesión con la violencia
5. Condenas pasadas por delitos violentos
6. Dificultad con el manejo de la ira
7. Aumento de la beligerancia o hipersensibilidad a las críticas
8. Desorganización extrema

9. Comentarios o amenazas homicidas o suicidas
10. Cualquier otro cambio notable en el comportamiento

Según el Servicio Secreto de EE. UU., varios otros comportamientos suscitaron preocupación entre los miembros de la familia, amigos, compañeros de trabajo, miembros de la comunidad o seguidores de las redes sociales. (Servicio Secreto de EE. UU., 2019) La mayoría de los perpetradores en su informe "exhibieron comportamientos que causaron preocupación en otros", todos los cuales se enumeran a continuación.

El Servicio Secreto Determinó que los Comportamientos que Suscitaron Preocupación Incluyen:

1. Publicaciones en redes sociales con contenido alarmante
2. Escalada de ira o comportamiento agresivo
3. Cambios en el comportamiento y la apariencia
4. Expresiones de ideas suicidas
5. Escribir sobre violencia o armas
6. Cortar las comunicaciones
7. Comportamiento inapropiado hacia el género opuesto
8. Comportamientos de acecho y acoso
9. Aumento de la depresión
10. Mayor consumo de drogas

11. Comportamiento errático
12. Compra de armas
13. Amenazas de violencia doméstica
14. Actuando paranoico

Indicadores de Amenaza

Algunos de estos factores pueden ser difíciles de identificar. Después de todo, no puedes estar seguro de lo que está pensando una persona. Es naturaleza humana guardar muchos de nuestros pensamientos para nosotros mismos. Esto es especialmente cierto para las personas con malas intenciones. La mayoría de las veces, tienden a ocultar los signos muy bien para no interrumpir ningún plan que puedan estar desarrollando.

Pero llega un momento en que sus pensamientos e intenciones conducen a comportamientos notables que no pueden ocultarse fácilmente. Con base en los siguientes cinco factores fisiológicos observables, podemos comenzar a ver una imagen más grande, una que arroje más luz sobre cualquier posible amenaza. Estos cinco indicadores de amenazas inminentes son vestimenta, acciones, comportamiento, ojos y lenguaje corporal (ver Figura 3.2).

FIGURA 3.2: Cinco Indicadores de Amenaza

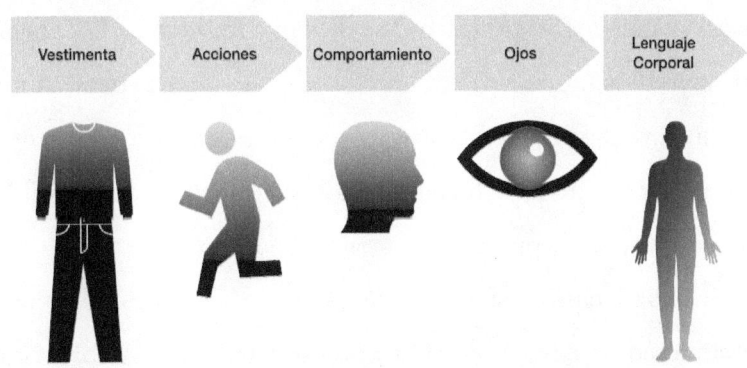

Hay ciertos elementos que podemos observar que son controlables. Cuando observas a alguien, obviamente puede ver la ropa que lleva puesta y cómo está posicionando su cuerpo. Todos estos son comportamientos controlables para el individuo.

Tomemos, por ejemplo, si la persona usa un abrigo o equipo táctico de gran tamaño, o mantiene sus manos en sus bolsillos, o tal vez ajustando su ropa. El abrigo de gran tamaño se puede usar para ocultar un arma. El equipo táctico puede estar destinado a transportar sus municiones. Las manos en el bolsillo también se pueden usar para ocultar un arma. El ajuste de la ropa puede ser para mantener el ocultamiento del arma.

Por otro lado, hay ciertos cambios fisiológicos observados en el comportamiento y el lenguaje corporal de un individuo que no son controlables. El miedo aparente y visible es solo un componente de cómo nuestro cuerpo se maneja naturalmente para sobrevivir. Su frecuencia respiratoria aumenta, su frecuencia cardíaca aumenta, sus vasos sanguíneos se contraen o se dilatan alrededor de los órganos, y sus músculos obtienen una rica dosis de sangre para permitirle reaccionar rápidamente. Esto es lo que sucede en su cuerpo durante la experiencia de pelea o huida, y estos signos pueden ser visibles en alguien que esté dispuesto a llevar a cabo un acto violento.

Por ejemplo, si una persona con intenciones violentas está entrando en un edificio en el que no está familiarizado con el diseño, puede estar visiblemente nervioso o incluso aterrorizado. Esta falta de familiaridad también puede manifestarse como indecisión, lo que puede obligar al individuo a entrar y salir del área numerosas veces. Si de repente deciden que no están preparados adecuadamente para seguir su plan, pueden mostrar otros signos de incomodidad mental. Pueden exhibir lo que hemos llegado a conocer como la "mirada de mil yardas", un término que describe el aspecto lejano que un individuo puede mostrar cuando comienza a separarse mentalmente del mundo que lo rodea. Su comportamiento nervioso también puede inhibir su capacidad de comunicarse de manera efectiva, lo que puede hacer que el individuo tartamudee o haga una pausa entre las palabras.

En resumen, estos cinco factores básicamente se dividen en los siguientes:

1. Ropa

- Ropa que sea contraria a las condiciones climáticas (abrigo largo o voluminoso en verano o equipo táctico, por ejemplo)
- Ropa que es inusual para el entorno (como el uniforme de combate con equipo táctico en un centro comercial)
- Ropa que puede ayudar a ocultar su identidad (como máscaras)

2. Acciones

- Acciones que parecen extrañas o fuera de lugar
- Toques continuos alrededor de la cintura o los bolsillos
- Merodear sin un propósito real
- Caminar agresivamente de un lado a otro
- Visualización de cualquier otra acción física visible

3. Comportamiento

- Lenguaje corporal atípico
- Nerviosismo
- Sudoración

Sus Opciones

- Temblor
- Malestar general
- Mandíbula apretada
- Molestias físicas notables
- "Mirada de mil yardas"
- Indecisión
- Dificultad para comunicarse
- Notable falta de familiaridad con el entorno

4. Ojos

- Mirando enojado a lo lejos
- Hipervigilancia
- Observación agresiva

5. Lenguaje corporal

- Acciones físicas encubiertas, tratando de permanecer discreto
- Lenguaje corporal rígido
- Manos en los bolsillos
- Brazos cruzados
- Movimientos furtivos hacia la pretina o bolso, si llevan uno

- Gestos agresivos con las manos
- Retirar una pistola de una pretina o bolso
- Agitar los brazos
- Postura agresiva

También tome nota de estos dos factores específicos:

a. Voz

- Gritando a pleno pulmón
- Ira e intensidad en la voz

b. Manos

- Las manos pueden apretar un gatillo
- Las manos pueden golpear o ahorcar
- Las manos pueden sacar un cuchillo
- Sin sus manos, el perpetrador no puede llevar a cabo el plan

Amenazas Contemporáneas

Si no le prestas atención a las señales de advertencia previas al ataque, las amenazas pueden convertirse en realidad. Las amenazas deben tomarse muy en serio e informarse de inmediato para que se puedan investigar. Puede pensar que todo podría equivaler a una posible pérdida de tiempo, pero es mejor perder el tiempo investigando una situación que resulta ser nada más que experimentar una tragedia.

Si un individuo hace declaraciones verbales que podrían incitar al pánico, eso no es motivo de risa y no debe tomarse a la ligera. De hecho, alguien que piensa que solo está bromeando sobre esas cosas corre el riesgo de ser procesado por la policía. El juez Oliver Wendell Holmes Jr. argumentó en *Schenck v. Estados Unidos*: "La protección más estricta de la libertad de expresión no protegería a un hombre al gritar falsamente 'fuego' en un teatro y causar pánico". (Schenck v. Estados Unidos, 1917)

Es mejor estar seguro que arrepentirse. El Servicio Secreto de los EE. UU. ha documentado que "casi todos los perpetradores (93%) han hecho comunicaciones amenazantes o preocupantes y más de las tres cuartas partes suscitaron preocupación de otros antes de llevar a cabo sus ataques". (Servicio Secreto de EE. UU., 2019) En el momento en que una persona expresa sus intenciones de hacerle daño a otros, incluso si los comentarios están documentados en las redes sociales, en publicaciones de blog o durante juegos en línea, deben comunicarse. Esto puede ayudar a mitigar el potencial del comentario de convertirse en una tragedia.

Pensamiento Proactivo en un Mundo Incierto

Desafortunadamente, incidentes criminales previos realizados por otros pueden influir en una persona para poner en movimiento cualquier acto violento que hayan estado considerando anteriormente. Estos se conocen como imitadores. Al momento de escribir este libro, 26 personas han sido arrestadas desde los tiroteos de El Paso y Dayton debido a las amenazas que han hecho personalmente y que reflejan esos dos incidentes. Aquí están esos 26 episodios:

1. **4 de agosto de 2019:** Un hombre de Florida llamó a un Walmart ubicado a 10 millas al sur de Tampa y le dijo a un empleado que estaba a minutos de disparar a la tienda, según la Oficina del Sheriff del Condado de Hillsborough. El hombre ahora enfrenta un cargo de falsa amenaza. (Halaschak, 2019)

2. **7 de agosto de 2019:** Un Walmart en Texas tuvo que ser evacuado después de que un niño de 13 años publicara una amenaza en las redes sociales. La policía en el pueblo de Weslaco arrestaron el adolescente y lo acusó de hacer una amenaza terrorista. La madre del niño lo llevó personalmente a la estación de policía. Sus acciones sirven como ejemplo de que las señales de advertencia siempre deben tomarse en serio, incluso cuando se trata de sus propios seres queridos. (The Monitor, 2019)

3. **8 de agosto de 2019:** Un hombre fue acusado de entrar a un Walmart de Missouri con armadura y portar una pistola y un rifle menos de una semana después de que un hombre armado mató a 22 personas en un Walmart de Texas. Dijo que era un "experimento social" y afirmó que no tenía la intención de causar pánico. Como puede imaginar, su débil excusa no impidió que la policía acusara al hombre de hacer una amenaza terrorista. (Boyette, 2019)

4. **9 de agosto de 2019:** Un hombre de 23 años de Las Vegas fue acusado de posesión de dispositivos destructivos después de que las autoridades encontraron materiales para fabricar bombas en su casa. La Oficina Federal de Investigación de los Estados Unidos de América (FBI) dice que planeaba atacar a una sinagoga y un bar gay. (Fiscalía de los EE. UU. Distrito de Nevada, 2019)

5. **9 de agosto de 2019:** Un hombre de 26 años en Winter Park, Florida, fue arrestado después de que los investigadores dijeron que publicó una amenaza inusual en Facebook. La amenaza indicó que estaba a punto de que le devolvieran su arma y que la gente debería mantenerse alejada de Walmart. La amenaza decía: "Quedan 3 días más de libertad condicional y recupero mi AR-15. No vayas a Walmart la próxima semana". (Karanth, 2019)

6. **10 de agosto de 2019:** La policía de la ciudad de Harlingen, Texas, respondió a una amenaza que un hombre publicó en las redes sociales. La publicación decía: "Harlingen Walmart será fusilado el 11 de agosto". (Garcia, 2019) Fue arrestado en su casa acusado de hacer una amenaza terrorista. (Departamento de policía de Harlingen, 2019)
7. **11 de agosto de 2019:** Una madre del condado de Palm Beach, Florida, fue acusada de amenazar con llevar a cabo un tiroteo en una escuela primaria. No estaba contenta de que sus hijos fueran trasladados allí y sintió que una acción violenta sería una respuesta apropiada. La mujer de 28 años fue acusada de enviar una amenaza por escrito para cometer lesiones corporales. El mensaje decía: "Estoy pensando en hacer un tiroteo en la escuela en Barton". (WPTV Webteam, 2019)
8. **11 de agosto de 2019:** Un adolescente de Mississippi fue acusado de publicar amenazas en Facebook en las que declaró sus intenciones de cometer actos violentos contra el Distrito Escolar del Condado de Lamar. La publicación tenía una imagen de un arma con una amenaza hacia la Escuela Secundaria Oak Grove. (Burnett, 2019)
9. **12 de agosto de 2019:** Las autoridades acusaron a un hombre de Ohio de 18 años que, según el FBI, amenazó con agredir a los agentes de la ley federales. Expresó su apoyo a los tiradores en masa en una publicación en línea, y los documentos

judiciales dicen que el adolescente tenía un arsenal de armas y municiones. La publicación en línea decía, "en conclusión, dispara a todos los agentes federales a la vista". (Alsup, 2019)

10. **12 de agosto de 2019:** Un hombre de 25 años del condado de Jefferson, West Virginia, fue arrestado bajo la acusación de hacer amenazas terroristas en línea. La amenaza afirmaba que "era una bomba de tiempo que ya había sido difundida, iba a matar personas e iba a hacer daño a las personas". (Ta, 2019)

11. **13 de agosto de 2019:** La policía de Albert Lea arrestó y acusó a una niña de 15 años de Minnesota por amenazar con un tiroteo en la escuela en su página de redes sociales. (Kamal, 2019)

12. **13 de agosto de 2019:** Un hombre fue arrestado en Phoenix, Arizona, después de que la policía dijo que amenazó con volar un centro de reclutamiento del Ejército. (azfamily.com News Staff, 2019)

13. **15 de agosto de 2019:** Una denuncia de un ciudadano llevó a las autoridades de Connecticut y al FBI a investigar y arrestar a un hombre que hizo una publicación en Facebook en la que abiertamente expresó interés en cometer un tiroteo masivo. El hombre estaba en posesión de armas y equipo táctico, dijeron el FBI y el Departamento de Policía de Norwalk. (Holcombe, 2019)

Pensamiento Proactivo en un Mundo Incierto

14. **15 de agosto de 2019:** Una niña de 15 años fue arrestada en Fresno, California, por publicar una foto de un estuche de armas Walmart con rifles exhibidos y un texto que decía "No vengas a la escuela mañana", según el jefe de policía de la ciudad. Fue acusada de hacer amenazas terroristas. (ABC 30, 2019)

15. **16 de agosto de 2019:** Un niño de 15 años fue puesto bajo custodia policial en el condado de Volusia, Florida, después de que los investigadores dijeron que amenazó con cometer un tiroteo en la escuela en los comentarios que hizo en una plataforma de chat de videojuegos. La amenaza decía: "Yo, Dalton Barnhart, prometo llevar el m15 de mi padre a la escuela y matar a 7 personas como mínimo". Este incidente sirve como ejemplo de que incluso las amenazas de juego en línea se toman en serio. (Sutton, 2019)

16. **16 de agosto de 2019:** Dos menores de Mississippi fueron arrestados en relación con mensajes amenazantes a dos escuelas de Tupelo. Sus amenazas resultaron en un cierre parcial de la escuela. (Carlisle, 2019)

17. **16 de agosto de 2019:** Un hombre de Florida fue arrestado y acusado de amenazar con cometer un tiroteo masivo. Su exnovia alertó a las autoridades después de que el hombre le envió una serie de mensajes de texto perturbadores. Un mensaje de texto decía: "Un buen 100 asesinatos sería bueno".

Otro mensaje decía: "Una escuela es un objetivo débil… sería más probable que abriera fuego contra una gran multitud de personas de más de 3 millas de distancia … Quisiera romper un récord mundial de la mayor muerte confirmada". (Nottingham, 2019)

18. **16 de agosto de 2019:** Un policía de Tempe arrestó a un niño de 14 años en Arizona después de que supuestamente hizo amenazas en línea contra una escuela. (abc15.com staff, 2019)

19. **16 de agosto de 2019:** Un hombre de Chicago de 19 años fue arrestado después de que la policía dijo que amenazó con matar a personas en una clínica de salud reproductiva para mujeres en un foro en línea. Una publicación en iFunny decía: "He terminado con mi estado y sus leyes de aborto de mierda y permitir que niños inocentes sean masacrados por la llamada 'derecho de la mujer' ". (Darran Simon, 2019)

20. **16 de agosto de 2019:** Un residente de Clarksburg, Maryland, de 35 años, fue arrestado en Seattle luego de ser acusado de amenazar con matar a personas y pedir el "exterminio" de los hispanos. (Fiscalía de los Estados Unidos, Distrito Sur de Florida, 2019)

21. **17 de agosto de 2019**: La policía de New Middletown, Ohio, arrestó a un nacionalista blanco autodescrito que, según dicen, amenazó con disparar a un centro comunitario judío. La amenaza de video etiquetó al Centro de la Comunidad Judía

de Youngstown en Instagram con una leyenda que decía: "La policía identificó al tirador de la Comunidad Judía de la Familia Judía de Youngstown como el nacionalista blanco local Seamus O'Rearedon". (Dakin Andone, 2019)

22. **18 de agosto de 2019:** Un hombre fue arrestado en Reed City, Michigan, después de que las autoridades dijeron que publicó videos en línea haciendo amenazas contra la Universidad Estatal de Ferris y varios otros lugares. (FOX 17 NEWS, 2019)

23. **18 de agosto de 2019:** La policía de Claremore, Oklahoma arrestó a un joven de 18 años que, según dicen, amenazó las redes sociales contra las familias de los agentes de policía. (Baron, 2019)

24. **19 de agosto de 2019:** Un camionero de 38 años fue arrestado después de hacer "amenazas creíbles para llevar a cabo un tiroteo masivo y suicidio", según una declaración jurada presentada en el Distrito Sur de Alabama. (Martin, 2019)

25. **19 de agosto de 2019:** la policía de Maui arrestó a un hombre de 18 años después de que una publicación en las redes sociales afirmara que tenía la intención de "disparar a una escuela". (KITV Web Staff, 2019)

26. **19 de agosto de 2019:** un hombre de Rapid City, Dakota del Sur, de 37 años, fue arrestado y acusado de amenazar con volar agencias gubernamentales estatales y federales. (KELOLAND News, 2019)

Estos 26 ejemplos demuestran varios de los comportamientos citados por el Servicio Secreto de EE. UU. Los comportamientos revelados por estos individuos iban desde publicaciones en redes sociales con contenido alarmante de los perpetradores, cambios en su comportamiento, comportamiento agresivo, amenazas de violencia doméstica y comportamiento errático. Afortunadamente, varias presuntas amenazas se detuvieron y no se convirtieron en un incidente mortal debido a la determinación heroica de las personas preocupadas o porque el individuo filtró su información en las redes sociales, entre otros métodos.

Memoria Muscular

El término "en la zona" es usado a menudo por aquellos que tienen un cierto conjunto de habilidades que desarrollaron con práctica constante y repetitiva. Después de cierto punto, todo ese trabajo duro y dedicación se suma a un nivel sustancial de confianza que permite que sus habilidades se hagan cargo naturalmente. Las personas expertas, ya sean artistas, atletas, ingenieros o algo entre medio, a menudo han dicho que tienen una especie de "experiencia fuera del cuerpo" durante estos momentos. Este término tiene muchos otros nombres, pero lo llamaremos "memoria muscular".

Nunca olvides que el fracaso es una parte integral del proceso de desarrollo de la memoria muscular. Al invertir largas horas de práctica, te dejas cada vez más expuesto a oportunidades para mejorar seriamente. Como es el caso con cualquier proceso de capacitación, obviamente enfrentará una serie de desafíos.

Aprender a permanecer consciente de la situación en relación con un incidente de tirador activo no es diferente, y se encontrará con un conjunto único de obstáculos a medida que avance. El miedo que estas situaciones traen con ellos a menudo es inmediato y con poca o ninguna advertencia. Son discordantes y aterradores, lo que conduce a la desorientación y confusión.

Como resultado, aquellos que se encuentran en un incidente pueden experimentar una experiencia fuera del cuerpo de una forma completamente diferente. Pueden bloquearse en lugar de fluir a través. Esta reacción es perfectamente comprensible, teniendo en cuenta el estrés extremo que se les ha impuesto. Incluso los miembros de las fuerzas armadas más altamente entrenados y altamente capacitados le contarán acerca de los primeros y terribles segundos de una crisis que experimentaron, y cómo les tomó tanta atención enfocarse en la realidad y orientarse antes de que fuera demasiado tarde. Pero por más natural que sea esta respuesta, no te servirá de nada.

Para lograr la experiencia extracorporal que lo mantiene a usted y a quienes lo rodean a salvo, debe desarrollar una sensación de Memoria Muscular. Esto es absolutamente crucial. La memoria muscular y la intuición son excelentes compañeros. A medida que uno se fortalece, el otro se agudiza, al igual que la mente que trabaja en conjunto con el cuerpo.

Ejercicio: Ensayos de Escenarios

¿Cómo se desarrolla la memoria muscular? La práctica hace la perfección. Debe ensayar el concepto de identificación de peligros y amenazas. Luego, puede probar cómo reaccionará ante un determinado escenario en función de variables y condiciones preestablecidas.

Probémoslo con varios escenarios. Ensaye esto en papel, en su mente, o con colegas y amigos. ¿Qué harías en estos escenarios?

Ejercicio: Escenario # 1

Son las 7:00 de la mañana de un agradable martes y te diriges al trabajo. Tienes una reunión muy importante a la que asistir a las 9:00 am. Por lo general, te toma 45 minutos llegar a tu oficina, pero hoy el transito era más pesado de lo habitual. Retrasó su viaje por 20 minutos.

Ahora está frustrado, irritado y molesto porque su mañana no ha ido como había planeado. Decidió maximizar su tiempo haciendo una llamada telefónica de negocios relacionada con la próxima reunión de ventas. Aproximadamente a las 8:05 am, estaciona el vehículo en el estacionamiento del segundo piso de su oficina. Al salir del auto continúas su conversación con su teléfono presionado a un lado de tu cara. Te diriges al primer piso y caminas hacia el edificio.

Ahora son las 8:15 de la mañana y te estás acercando a la entrada principal. Mientras tanto, la gente te ha estado señalando para que no ingreses al vestíbulo por los últimos 20 segundos. También le están diciendo que evite el área. Pero continúas la conversación, tal vez niegas lo que estás escuchando, cuestionas sus comentarios o simplemente piensas que están locos. O tal vez no los escuches en absoluto.

Cuando te acercas al torniquete y entras al vestíbulo, te enfrentas a un perpetrador que te apunta con un arma. El perpetrador ya ha matado a varias personas dentro del vestíbulo.

1. ¿Podrías haber evitado el vestíbulo?
2. ¿Qué podría haber hecho durante el trayecto desde el automóvil hasta el vestíbulo?

Escenario de memoria del músculo mental # 2

Usted es el Vicepresidente de Recursos Humanos de una planta de fabricación de bodegas de 29,000 pies cuadrados que emplea a 200 personas. Su planta es conocida por sus válvulas de agua industriales en todo el mundo. Usted es responsable del desarrollo organizacional, reclutamiento y personal de su empresa, entre otras tareas.

Cuando llega al aeropuerto a las 2:00 p.m., se da cuenta de que tiene 150 mensajes de Twitter, 8 mensajes de voz perdidos y está entrando una llamada. Decide dejarlo ir al correo de voz. A medida que avanza por la terminal, comienza a mirar los televisores que muestran las últimas noticias. El titular dice "Tirador activo en la planta de fabricación de válvulas".

Tu corazón cae mientras esperas que no sea tu planta. A medida que continúa observando, se da cuenta de que, de hecho, es su planta. Usted atiende la próxima llamada y es su Director de Recursos Humanos en la línea el que le notifica sobre el incidente. Se le informa que el incidente duró noventa minutos, con cinco personas muertas, incluido un oficial de policía, y varios heridos. El perpetrador es un empleado que la compañía despidió el mismo día.

Su Director de Recursos Humanos también le notificó que los informes que usted y su equipo debían leer indicaban que el perpetrador mencionó a otro compañero de trabajo la mañana del tiroteo que, si lo despedían, iba a matar a todos los demás empleados y "Hacer estallar a la policía".

Su director también le dijo que sabían que el ex empleado también llevaba una pistola en su vehículo. Esta información nunca fue enviada a usted porque el perpetrador siempre hizo declaraciones "raras", y nadie pensó que tomaría acciones violentas.

El perpetrador era conocido por negarse a usar gafas de seguridad y fue citado muchas veces por negarse a usarlas. Después de una reunión disciplinaria con el perpetrador, los empleados informaron que lo vieron "caminando hacia su estación de trabajo para recuperar algo".

Según estas declaraciones de los empleados, se puso una sudadera con capucha y fue al baño justo antes de la reunión. Cuando el gerente le dijo que lo habían despedido, el perpetrador usó profanidad palabras y luego comenzó a disparar.

1. ¿Podría haber establecido mejores protocolos para ayudar a mantener seguros a sus empleados?
2. ¿Qué podría haber hecho durante el empleo del empleado?
3. ¿Qué capacitación podría haber ofrecido a sus empleados para garantizar que permanezcan salvos?

Lograr una sensación de memoria muscular no es tanto un objetivo como es un resultado. A medida que lea este libro y ponga en

Sus Opciones

práctica lo que ha aprendido, descubrirá que el sentido se hará más fuerte.

Cuanto más intentes perseguirlo, más descubrirás que viene en tu dirección. Te sorprenderá cómo el proceso te encontrará a mitad de camino.

4

Manejando la Incertidumbre

"Es un mundo malvado, y cuando un hombre inteligente programa su cerebro para el crimen es lo peor de todo".

Arthur Conan Doyle

La Nueva Norma

Parece que estamos viviendo en una nueva norma. Muchas personas tienen miedo de disfrutar de sus actividades públicas cotidianas debido a la amenaza constante de asesinatos en masa o incidentes de tiradores activos. Los incidentes de tiradores activos y asesinatos en masa se han convertido en parte de la sociedad en la que vivimos actualmente en los Estados Unidos de América.

De costa a costa, la frecuencia de los incidentes de tiradores activos ha aumentado exponencialmente a lo largo de los años. Ninguna persona, ubicación geográfica, empresa, organización privada o gubernamental es inmune a estos incidentes. El impacto en la percepción del público de la seguridad de su ciudad, así como la credibilidad de la infraestructura de seguridad de una organización puede estar en juego. Te pillaron desprevenido y por sorpresa, creando así un nivel de incertidumbre.

Estos incidentes crean miedo, ansiedad, preocupación y terror entre nuestras comunidades, tal como están destinados a hacerlo. Esto es especialmente cierto en entornos escolares, desde preescolares hasta universidades.

Los padres no solo tienen como objetivo proporcionar a sus hijos una educación de primer nivel. También confían a los funcionarios escolares la seguridad de nuestros hijos. Pero en este entorno que estamos viviendo, ¿es eso realmente posible?

Obviamente, las escuelas no son los únicos lugares afectados por la amenaza de un tirador activo o un incidente de asesinato en masa. Nuestra realidad actual muestra que cualquier ubicación, independientemente de sus operaciones internas, ingresos anuales o reconocimiento global, puede verse afectada si las personas no son proactivamente conscientes de sus riesgos, peligros y vulnerabilidades de seguridad física. Ningún negocio es inmune.

Por ejemplo, Google habría ganado $136.8B en 2018, lo que representa un aumento del 22% con respecto a 2017. (Inc., 2019) Se podría pensar que una corporación multimillonaria habría tenido una sólida infraestructura de seguridad para proteger sus activos y su gente, ¿no? Pero desafortunadamente, hasta el protocolo de seguridad de Google parece tener sus límites.

Por ejemplo, hubo un incidente el 3 de abril de 2018 en el que una perpetradora ingresó a la sede de YouTube e hirió a cuatro personas. (Gonzalez, 2018) Este incidente puede servir como un ejemplo de cómo incluso los mejores recursos disponibles pueden quedarse cortos si no se utilizan por completo. La vigilancia constante, el enfoque riguroso y la preparación inquebrantable siempre tienen una importancia óptima.

Según el FBI, las instalaciones comerciales son las áreas más vulnerables que enfrentan una amenaza de tiradores activos. El FBI identificó y segmentó las ubicaciones en siete áreas donde ocurrieron otros incidentes desde 2000 hasta 2018 y continuará enfrentando una amenaza a medida que avanzamos hacia el futuro.

Estas siete ubicaciones enumeradas a continuación son donde se han producido la mayoría de los incidentes de tiroteos masivos:

Siete ubicaciones vulnerables que enfrentan una amenaza de tiradores activos

1. Áreas Comerciales
    a. Negocios abiertos al público
    b. Negocios cerrados al público
    c. Centros comerciales
2. Ambientes Educativos
    a. Pre-kindergarten hasta el 12° grado

    b. Instituciones de enseñanza superior
3. Espacios abiertos
4. Centros médicos
5. Instalaciones gubernamentales
    a. Militar
    b. Otras propiedades del gobierno
6. Lugares de culto
7. Residencias

Solo durante 2018, hubo 27 incidentes de tiradores activos que ocurrieron en diversos lugares en todo Estados Unidos, según el FBI. (FBI, 2019) La mayor concentración de incidentes ocurrió en lugares de comercio, con 16 de los 27 incidentes. Nueve de esos 16 incidentes ocurrieron en negocios abiertos al público. Los siete restantes de esos 16 incidentes ocurrieron en negocios cerrados al público.

Cinco de los 27 incidentes ocurrieron en lugares académicos. Cuatro de esos cinco incidentes fueron escuelas secundarias, y un incidente ocurrió en una escuela secundaria. Dos de esos 27 incidentes ocurrieron en espacios abiertos. Otros 2 de 27 incidentes ocurrieron en centros de salud. Uno de los 27 incidentes tuvo lugar en propiedad del gobierno, y el último incidente ocurrió en un lugar de culto. (Ver Apéndice B)

Pensamiento Proactivo en un Mundo Incierto

Diversidad de Peligros

Los peligros no controlados generalmente se presentan como amenazas eventuales. Un riesgo es una condición insegura que es peligrosa y dañina, una que tiene el potencial de causar lesiones, enfermedades o daños a personas o bienes. Sus categorías típicas son "natural" o "artificial". El peligro de un tirador activo es obviamente una amenaza artificial. También puede ser conocido como "adversario" o "causado por el hombre". (Hay tres categorías de peligro adicionales que puede consultar en el Apéndice A).

Una "amenaza" es esencialmente una indicación de un posible evento no deseado. Se refiere a una situación o escenario en el que una persona podría hacer algo destructivo. Un ejemplo podría ser un atacante que infringe territorio privado contra la frontera de un campus, o un evento natural que podría causar un resultado indeseable, como un incendio que daña el hardware de tecnología de la información de una escuela. Una amenaza se crea cuando un actor de amenaza, al que nos referiremos como "actor malo", explota intencionalmente una vulnerabilidad.

Hay seis preguntas (consulte la Figura 4.1) que puede usar como guía para realizar un análisis básico de una amenaza potencial, de modo que pueda priorizar los recursos para mitigar riesgos, peligros o vulnerabilidades en consecuencia. Una vez que haya identificado una amenaza (incluida en el Apéndice A), utilice esta lista para realizar una

Sus Opciones

evaluación básica de vulnerabilidad. También puede usar esta lista mientras está en público para analizar su entorno inmediato. He proporcionado una guía básica para las opciones asociadas con cada tema.

FIGURA 4.1: Análisis Básico de una Amenaza Potencial

#	Tema	Preguntas	Opciones
1	Amenaza	¿Cuál es la amenaza?	Ver Anexo A
2	Probabilidad o Frecuencia	¿Con qué frecuencia ocurrirá la amenaza o peligro?	a. Improbable b. Probable c. Muy Probable
3	Magnitud	¿Cuál es el alcance del daño esperado?	a. Insignificante b. Limitado c. Crítico
4	Advertencia	¿Cuánto tiempo tienes para advertir a los demás?	a. Días b. Horas c. Segundos
5	Duración	¿Cuánto durará la amenaza?	a. Días b. Horas c. Minutos
6	Prioridad	¿Cuán crítica es la amenaza? Basado en las respuestas anteriores.	a. Bajo b. Medio c. Alto

El primer paso es identificar la amenaza misma. El segundo paso es determinar la probabilidad o frecuencia de ocurrencia. Tenga cuidado al determinar todo esto. No todas las amenazas tendrán una alta probabilidad de ocurrir. Como ejemplo, sepa que, desde una perspectiva estadística, es mucho más probable que ocurra un incendio que un incidente de tirador activo. Sin embargo, el daño potencial de ambos escenarios es crítico. El tiempo disponible que tendrá para advertir a las personas adecuadas solo puede ser de unos segundos. En un incendio, podría tomar días controlar el daño o solo minutos. Pero un tirador activo oscila entre segundos y horas. Todo depende de cuántas variables estén fuera de su control, como la presencia de la policía. Deberá determinar la prioridad de todas estas categorías en función de la amenaza elegida.

Diversidad de Incidentes

Las agencias del gobierno de EE. UU. han definido a un tirador activo como "un individuo activamente involucrado en matar o intentar matar a personas en un espacio confinado u otra área poblada, generalmente con el uso de un arma de fuego". Además, el término:

> "La aplicación de la ley utiliza el término 'tirador activo' para describir una situación en la que un tiroteo está en progreso y un aspecto del crimen puede afectar los protocolos utilizados para responder y reaccionar en la escena del incidente. A diferencia de un delito definido, como un asesinato o una matanza en masa, el aspecto activo implica inherentemente que tanto el personal de las fuerzas del orden como los ciudadanos tienen el potencial de afectar el resultado del evento en función de sus respuestas". (Blair, 2014)

El término "asesinato en masa" generalmente ha sido definido por el FBI como un incidente de homicidio múltiple en el que cuatro o más víctimas son asesinadas, dentro de un evento y en uno o más lugares cercanos. El Congreso de EE. UU. ha definido "asesinatos en masa" como "tres o más asesinatos en un solo incidente". (Congreso de los Estados Unidos, 2019) Independientemente de la definición que utilice, es apropiado analizar la diversidad colectiva de los hechos.

FIGURA 4.2: Incidentes de asesinato en masa - 2018

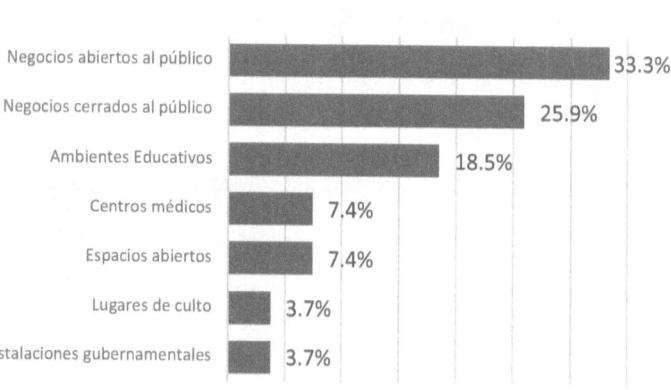

Como dije al comienzo de este capítulo, el FBI concluyó que hubo 27 episodios que se clasificaron como un incidente de tirador activo durante todo el año 2018 (ver Figura 4.2). (Departamento de justicia de EE. UU., 2019) Las características de estos incidentes son muy diversas desde una perspectiva geográfica y de ubicación. Si segmentamos cada incidente por esas perspectivas, puede ayudarnos a proyectar e identificar las áreas que están en mayor riesgo.

El 33.3% de los incidentes de tiradores activos ocurrieron en Negocios Abiertos al Público

Tenga en cuenta, desde una perspectiva estadística, si se encuentra en un área de negocios o dentro de un negocio que está abierto a los peatones, tiene un riesgo mayor que otras áreas durante un incidente de tirador activo. Las empresas abiertas al público generalmente no tienen muchos sistemas de seguridad de control de acceso instalados para restringir el flujo de peatones. Obviamente, tienen medidas de seguridad para detectar robos e identificar comportamientos sospechosos. Pero su modelo comercial es altamente confiable en el flujo de personas, lo que pone a esta categoría en un riesgo más alto. Estos lugares van desde bares, restaurantes, bancos, supermercados, hoteles, hospitales, etcétera. Aquí hay una lista de negocios abiertos al público que fueron impactados por un tirador activo durante 2018:

1. City Grill Café, 7 de marzo de 2018, 6:30 a.m. (Hurtsboro, Alabama)
2. Waffle House, 22 de abril de 2018, 3:30 a.m. (Nashville, Tennessee)

3. Restaurante Louie's Lakeside 24 de mayo de 2018, 6:30 p.m. (Oklahoma City, Oklahoma)
4. GLHF Game Bar, 26 de agosto de 2018, 1:34 p.m. (Jacksonville, Florida)
5. Fifth Third Center, 6 de septiembre de 2018, 9:10 a.m. (Cincinnati, Ohio)
6. Tienda de comestibles Kroger de 2018, 24 de octubre, 3:00 p.m. (Jeffersontown, Kentucky)
7. Hot Yoga Tallahassee, 2 de noviembre de 2018, 5:37 p.m. (Tallahassee, Florida)
8. Borderline Bar and Grill, 7 de noviembre de 2018, 11:20 p.m. (Thousand Oaks, California)
9. Motel 6, 24 de diciembre de 2018, 11:00 a.m. (Albuquerque, Nuevo México)

El 25.9% de los incidentes de tiradores activos ocurrieron en negocios cerrados al público

Las empresas cerradas al público también corren el riesgo de una amenaza de tirador activo. Estas empresas suelen tener estándares más altos para sus capacidades de control de acceso para restringir el flujo de peatones. Por ejemplo, si está visitando una empresa multinacional en los Estados Unidos, existe una gran posibilidad de que tenga que mostrar algún tipo de identificación, y es posible que deba ser llamado o inspeccionado en el edificio.

De cualquier manera, las empresas de esta categoría no dependen del flujo constante de clientes. Por lo tanto, pueden restringir el tráfico de peatones sin obstaculizar sus operaciones diarias. Estas ubicaciones abarcan desde corporaciones multinacionales e internacionales, centros de distribución, fábricas, etcétera.

Aquí hay una lista de negocios cerrados al público que fueron impactados por un tirador activo durante 2018:

10. Sede de YouTube, 3 de abril de 2018, 12:45 p.m. (San Bruno, California)
11. Capital Gazette, 29 de junio de 2018, 2:34 p.m. (Annapolis, Maryland)
12. T&T Trucking, Inc., 12 de septiembre de 2018, 5:20 p.m. (Bakersfield, California)
13. WTS Paradigm, 19 de septiembre de 2018, 10:30 a.m. (Middleton, Wisconsin)
14. Centro de Apoyo Liberty del Centro de Distribución Rite Aid Perryman, 20 de septiembre de 2018, 9:06 a.m. (Aberdeen, Maryland)
15. Ben E. Keith Gulf Coast, 20 de agosto de 2018, 2:00 a.m. (Missouri City, Texas)

16. Ben E. Keith Albuquerque, 12 de noviembre de 2018, 6:56 p.m. (Albuquerque, Nuevo México)

El 18.5% de los incidentes de tiradores activos ocurrieron en ubicaciones académicas

El equilibrio para educar a los estudiantes y mantenerlos salvos a través de medidas de seguridad no debe tomarse a la ligera. En un nivel u otro, los estudiantes de todo el país continúan temiendo que puedan ser el próximo blanco de una amenaza de un tirador activo. Como se mencionó anteriormente, estos incidentes ocurren dentro de las instalaciones PK - 12, así como en las universidades. Ninguna de estas instalaciones es inmune.

Aquí hay una lista de instalaciones académicas que fueron impactadas por un tirador activo durante 2018:

17. Marshall County High School, 23 de enero de 2018, 7:57 a.m. (Benton, Kentucky)
18. Marjory Stoneman Douglas High School, 14 de febrero de 2018, 2:30 p.m. (Parkland, Florida)
19. Dixon High School, 16 de mayo de 2018, 8:00 a.m. (Dixon, Illinois)
20. Santa Fe High School, 18 de mayo de 2018, 7:30 a.m. (Santa Fe, Texas)

21. Noblesville West Middle School, 25 de mayo de 2018, 9:06 a.m. (Noblesville, Indiana)

El 7.4% de los incidentes de tiradores activos ocurrieron en ubicaciones de espacios abiertos

Los espacios abiertos son esencialmente ubicaciones geográficas que se encuentran dentro de autopistas, carreteras, calles, etcétera. A continuación, se muestra una lista de ubicaciones de espacios abiertos impactados por un tirador activo en el año 2018:

22. Autopista 365 cerca de Whitehall Road, 4 de mayo de 2018, 11:58 a.m. (Gainesville, Florida)
23. Autopista 509 cerca del aeropuerto internacional de Seattle-Tacoma, 13 de junio de 2018, 1:42 p.m. (Seattle, Washington)

El 7.4% de los incidentes de tirador activo ocurrieron en centros de salud

Las instalaciones de salud ciertamente no son inmunes a la violencia en el lugar de trabajo A continuación, se muestra una lista de los centros de atención médica afectados por un tirador activo en 2018:

Sus Opciones

24. Helen Vine Recovery Center, 5 de noviembre de 2018, 1:30 a.m. (San Rafael, California)
25. Mercy Hospital & Medical Center, 19 de noviembre de 2018, 3:20 p.m. (Chicago, Illinois)

El 3.7% de los incidentes de tiradores activos ocurrieron en instalaciones gubernamentales

Las instalaciones del gobierno suelen estar en un estado de alerta elevado y en busca de actividades sospechosas o amenazas. Esto es especialmente cierto después del ataque de tirador activo del 2017 a Fort Lauderdale-Hollywood International Airport, el incidente del 2016 en la estación del Distrito 3 del Departamento de Policía del Condado de Prince George y el incidente del 2017 en Clovis-Carver Public Library. A continuación, se muestra la única instalación del gobierno afectada por un tirador activo durante 2018.

26. Masontown Borough Municipal Center, 19 de septiembre de 2018, 2:00 p.m. (Masontown, Pensilvania)

El 3.7% de los incidentes de tiradores activos ocurrieron en lugares de culto

Después del incidente del 2015 en la Iglesia Episcopal Metodista Africana Emanuel en el centro de Charleston, Carolina del Sur, la Primera Iglesia Bautista de 2017 en Sutherland Springs, Texas, y el incidente de tirador activo de la Iglesia de Cristo Burnette Chapel 2017, los lugares de culto continúan también en un nivel elevado de alerta. A continuación, se muestra el único lugar de culto afectado por un tirador activo durante 2018.

27. Sinagoga del Árbol de la Vida, 27 de octubre de 2018, 9:45 a.m. (Pittsburgh, Pensilvania)

Historia de Incidentes

Como siempre, debemos conocer nuestro pasado para comprender nuestro futuro. Reconocer hechos históricos sobre estos incidentes puede ayudar a comprender la dinámica de nuestras crisis sociales actuales. Puede que no nos ayude a predecir eventos futuros por completo, pero tener conocimiento de incidentes pasados es ciertamente útil. Es crucial estudiar cómo se desarrollaron estos incidentes, quién estuvo involucrado y cómo se vieron afectadas las personas y las operaciones. Esto ayudará a ubicarnos en el camino correcto para abordar este problema y posiblemente reducir o mitigar futuros incidentes.

Como señaló la Dra. Vicki M. Abbinante en *Decisiones de Política y Respuestas Basadas en Opciones a Tiradores Activos en Escuelas Públicas*, este fenómeno ha existido y fue documentado antes de que los Estados Unidos de América fueran incluso una nación. La siguiente lista presenta más de una docena de ejemplos históricos de incidentes de tiradores activos en escuelas públicas. (Abbinante, 2017)

- En 1764, una escuela de Pensilvania fue atacada por un grupo de Nativos Americanos. El ataque resultó en el asesinato de un maestro, así como en un total de diez estudiantes. Solo quedaron con vida tres estudiantes. (Rocque, 2012)
- En el siglo siguiente, Estados Unidos continuaría viendo muchos tiroteos que involucraron a estudiantes y maestros. Sin embargo, ninguno de estos incidentes incluyó a más de dos víctimas y, por lo tanto, no puede considerarse como tiroteos masivos. (Ibídem)
- No fue sino hasta 1927 en Bath Township, Michigan en The Bath School que las personas en este país se sorprenderían por los asesinatos de 45 personas que representan 38 estudiantes de primaria y siete adultos, con el uso de Bombas y pistolas. (Ibídem)

- En 1956, tres maestros fueron fusilados en Maryland Park Junior High. (Ibídem)
- En 1966, el país sería testigo del asesinato de 16 personas en el campus de la Universidad de Texas durante un tiroteo de francotiradores. Este incidente fue uno de los primeros en tener una cantidad sustancial de cobertura mediática. (Lankford, 2013)
- En 1976, tuvo lugar la masacre de la Universidad Estatal de California en Fullerton, que resultó en siete muertes totales. (Ibídem)
- El 20 de abril de 1999 en Littleton, Colorado, el tiroteo en la escuela secundaria de Columbine resultó en quince muertes. Este incidente es uno de los primeros en dar a conocer una amenaza creciente a la seguridad de los estudiantes. (Ibídem)
- En 2006, seis estudiantes fueron asesinados en una escuela Amish en West Nickel Mines, Pensilvania. (Ibídem)
- En 2007, 33 fueron asesinados en Virginia Tech University. (Kelly, Active Shooter Recommendations and Analysis for Risk Mitigation, 2012)
- En 2008, seis estudiantes fueron asesinados a tiros en la Northern Illinois University. (Ibídem)
- En 2012, los estudiantes y maestros de preescolar de la escuela primaria Sandy Hook en Newtown, Connecticut,

- fueron masacrados. El número total de muertes fue de 26. (Ibídem)
- En mayo del 2014, siete fueron asesinados a tiros por un compañero de estudios en el campus de la Universidad de California. (Ibídem)
- En octubre del 2014, un tiroteo en la Escuela Secundaria Marysville Pilchuck en Washington resultó en el disparo de cinco estudiantes. (Kelly, Active Shooter Recommendations and Analysis for Risk Mitigation, 2012)

Los incidentes de disparos activos o asesinatos en masa no son un fenómeno nuevo. Son esencialmente actos terroristas, que son tan antiguos como el tiempo. Esta lista particular proporcionada anteriormente muestra una tendencia clara que se remonta antes del año 1760 hasta 2014. Cada incidente fue recibido con impacto y sorpresa por las víctimas y las personas que los experimentaron.

Entonces, ¿qué es exactamente un tirador activo?

El Tirador Activo Contemporáneo

Imagine un tirador activo en su mente. ¿Cómo son físicamente? ¿Qué características distintivas comparten cada uno? Si está leyendo esto mientras está en público o entre otras personas en el trabajo o la escuela, mire casualmente a su alrededor. ¿Alguien "parece" como un potencial tirador activo?

Por lo general, hago estas preguntas durante las sesiones de capacitación del seminario *Estado Mental Proactivo Conciencia Situacional y Preparación* (Ramirez, 2019) que realizo con mis clientes. Los clientes van desde administradores de escuelas primarias PK-12, maestros y personal a ejecutivos corporativos y empleados. Dejo que las preguntas persistan, y leo el lenguaje corporal del participante para evaluar su comprensión del asunto en cuestión.

Casi cuatro de cinco veces, la respuesta es consistente. "Un tirador puede ser usted, yo o cualquier persona en esta sala", es una respuesta que escuché durante una de las sesiones. "Puede ser cualquiera en el trabajo", es otro ejemplo. "Cualquiera de nuestros clientes o proveedores" es otro ejemplo. "Es gente como nosotros", es otra respuesta sólida. Con cada respuesta del grupo típicamente les pido que expliquen su respuesta. Nuevamente, la explicación es consistente con la investigación. La dinámica física de los perpetradores es diversa en cultura, sexo, edad y clase social.

Como se mencionó anteriormente, el FBI define a un tirador activo como "un individuo activamente involucrado en matar o intentar matar personas en un espacio confinado u otra área poblada, generalmente con el uso de un arma de fuego". La amplitud de esa definición muestra cómo muchos datos demográficos pueden caer dentro de esa definición.

La verdad es que no hay forma de perfilar a estas personas con absoluta certeza. Sí, las estadísticas muestran claramente que algunos grupos demográficos son más propensos a realizar un tiroteo masivo que otros. Pero hay, y siempre habrá, excepciones.

Examinemos más detenidamente a diez incidentes de tiradores activos y veamos qué se destaca entre estos perpetradores:

1. San José, California

    Aproximadamente a las 6:00 a.m. del 23 de abril de 2001, una mujer asiática de 36 años, armada con una pistola semiautomática, mató a una persona e hirió a otras tres en el patio de mantenimiento de autobuses de Laidlaw Education Services en San José, California. La perpetradora fue arrestada por la policía y acusada de asesinato e intento de asesinato.

2. Blacksburg, Virginia

    Aproximadamente a las 7:15 a.m. del 16 de abril de 2007, un hombre asiático de 23 años, armado con dos pistolas semiautomáticas, mató a dos personas. Aproximadamente a las 9:45 a.m., el perpetrador mató a otras 30 personas e hirió a otras 17 en Virginia Tech en Blacksburg, Virginia. El perpetrador se suicidó después de que la policía quebrantó las puertas del edificio donde había tenido lugar la mayor parte del tiroteo.

3. Washington, D.C.

Aproximadamente a las 8:16 am del 16 de septiembre de 2013, un hombre afroamericano de 34 años, armado con una escopeta Remington Modelo 870 Express Synthetic Tactical 7-Rondas de calibre 12 y una pistola semiautomática Beretta M9 de 9 mm, disparó y mató a 13 personas e hirió a otras ocho en el Astillero Naval de Washington, D.C. a las 9:25 de la mañana, los agentes policiales que respondieron dispararon y mataron al perpetrador.

4. Orlando, Florida

Aproximadamente a las 2:00 a.m. del 12 de junio de 2016, un hombre de Oriente Medio de 29 años, armado con un rifle semiautomático Sig Sauer SIG MCX y una pistola Glock 17 de 9 mm, mató a 49 personas e hirió a otras 53 en el Club Pulse nocturno en Orlando, Florida. El perpetrador tomó rehenes después de que llegó la policía y participó en un tiroteo con la policía. Aproximadamente a las 5:00 a.m., la policía disparó y mató al perpetrador.

Sus Opciones

5. Fort Lauderdale, Florida

Aproximadamente a las 12:54 p.m. el 6 de enero de 2017. Un hombre hispano de 27 años estaba armado con una pistola semiautomática Walther PPS de 9 mm con dos cargadores que legalmente facturó en un vuelo de Alaska a Fort Lauderdale con equipaje encerrado en un contenedor seguro, su único equipaje facturado. Lo recuperó en Fort Lauderdale y cargó el arma en el baño del aeropuerto justo antes del ataque. El perpetrador mató a cinco e hirió a seis. El perpetrador fue detenido por la policía.

6. Missouri City, Texas

Aproximadamente a las 2:15 a.m. del 20 de agosto de 2017, una mujer latina de 29 años, armada con un arma semiautomática, mató a dos personas e hirió a una persona en el Almacén Ben E. Keith ubicado en Missouri City, Texas. La perpetradora huyó y murió de una herida de bala.

7. Las Vegas, Nevada

Aproximadamente a las 10:05 p.m. el 1 de octubre de 2017, un hombre blanco de 64 años, armado con 24 armas de fuego en total, incluidos rifles automáticos*, rifles de acción y revólveres, mató a 58 personas e hirió a otras 851 antes de dispararse y suicidarse. El perpetrador abrió fuego desde su habitación de hotel, habitación 32-135 en el Mandalay Bay Hotel and Casino, a una gran multitud de asistentes al concierto en el festival de música Route 91 Harvest en el Strip de Las Vegas.

8. Pittsburgh, Pensilvania

Aproximadamente a las 9:05 a.m. del 27 de octubre de 2018, un hombre blanco de 46 años, armado con un AR-15* y tres pistolas Glock, mató a 11 personas e hirió a 6 en la sinagoga Árbol de la Vida ubicada en Pittsburgh, Pensilvania. El perpetrador se entregó a la policía alrededor de las 11:15 a.m.

9. Tallahassee, Florida

Aproximadamente a las 5:37 p.m. el 2 de noviembre de 2018, un hombre blanco de 40 años, armado con una pistola Glock

---

* "Rifles automáticos" o "AR" son términos intercambiables utilizados en lugar de ArmaLite15.
* "AR" = ArmaLite15 es la versión civil de la carabina M4 militar.

de 9 mm, disparó a seis personas y mató a otras dos en el estudio Tallahassee Hot Yoga ubicado en una plaza cerca de otros lugares comerciales en Tallahassee, Florida. El perpetrador fue encontrado muerto cuando llegó la policía.

10. Albuquerque, Nuevo México

Aproximadamente a las 6:15 p.m. el 12 de noviembre de 2018, un hombre blanco de 30 años bloqueó una salida con un montacargas y comenzó a disparar. El perpetrador (un exempleado) hirió gravemente a tres personas en el Almacén Ben E. Keith ubicado en Albuquerque, Nuevo México. El perpetrador huyó de la escena y se suicidó después de una larga negociación con la policía alrededor de las 11:40 p.m. fuera de la Interestatal 25 cerca de Placitas. La policía tardó aproximadamente 5 minutos en llegar.

Para obtener más ejemplos, consulte el Apéndice B.

Género

Hay varias similitudes entre los perpetradores de este grupo de muestra. Por ejemplo, puede notar que la mayoría de los perpetradores mencionados anteriormente son hombres. Es ampliamente conocido, según el FBI, que la mayoría de los tiradores activos son hombres (97%), pero la mayoría no es una totalidad. (ALERRT, 2016) Como puede ver, la ola de disparos en el patio de mantenimiento del autobús escolar de San José en 2001 y uno de los incidentes de Ben E. Keith fueron perpetrados por una mujer.

Edad

Ahora observe el rango de edades. La edad promedio de los tiradores activos en esta lista rondaba los 30 años. Las palabras clave allí son "promedio", y ese concepto no puede existir sin conceptos como "superior al promedio", "inferior al promedio" y "atípico". El tirador de Las Vegas de 64 años superó la edad promedio por aproximadamente treinta años, mientras que el perpetrador de Virginia Tech cayó por debajo del promedio en aproximadamente diez años.

Según el Servicio Secreto de EE. UU., los siguientes estudios de caso reflejan que la edad realmente no importa:

"MÁS JOVEN: el 23 de enero de 2018, un estudiante de segundo año de secundaria de 15 años comenzó a disparar a los estudiantes al azar en un área común en su escuela secundaria, matando a dos e hiriendo a diez. Cuando el atacante se quedó sin balas, abandonó su arma y se unió a otros estudiantes que se habían estado escondiendo. Después de que los estudiantes fueron trasladados a otra habitación, la policía identificó al atacante y lo arrestó. El estudiante había planeado el ataque durante aproximadamente una semana, y no se enfocó en ningún estudiante en particular, describiendo su ataque como "un experimento". (Servicio Secreto de EE. UU., 2019)

"MÁS VIEJO: el 7 de marzo de 2018, un hombre de 64 años entró a un café local y pidió ver al dueño, con quien tuvo un desacuerdo semanas antes. Cuando apareció el dueño, el atacante le disparó varias veces con un rifle, matándolo. Luego procedió a disparar a los clientes del café, hiriendo a dos y matando a uno. Después de que el atacante se quedó sin balas, huyó a su casa cercana y se encerró en el interior. Finalmente se entregó a la policía". (Servicio Secreto de EE. UU., 2019)

Raza

Según el Entrenamiento de Respuesta Rápida de las Fuerzas de Seguridad Avanzadas (ALERRT por sus siglas en Inglés), el 59% de los incidentes de tiradores activos de 2000 a 2015 se identificaron como blancos caucásicos, mientras que el 22% eran de asiáticos, latinos u otros decentes, y el resto, 19%, eran afroamericanos. (ALERRT, 2016)

La probabilidad estadística obviamente no presenta ninguna conclusión absoluta. Virginia Tech, Washington Navy Yard, Fort Lauderdale y San José caen fuera de la norma y una vez más nos muestran que siempre habrá valores atípicos en los perfiles de los tiradores activos.

FIGURA 4.3: Geográfica de Tiradores Activos – 2016-2017 combinado. Mapa del FBI que representa 50 incidentes de tiradores activos en 21 estados. (Departamento de justicia de EE. UU., 2018)

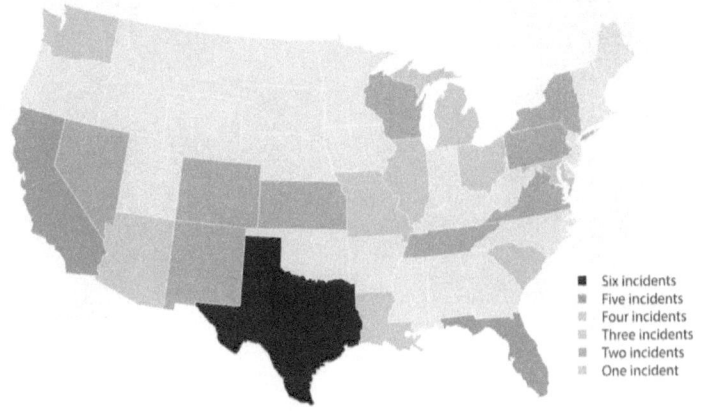

Ubicación

Como también puede ver, las ubicaciones geográficas para cada incidente varían bastante. Cada uno de ellos ocurrió en lugares aleatorios en todo Estados Unidos, de costa a costa y de norte a sur (ver Figura 4.3). Sin duda, ha visto testigos en las noticias que describen un incidente horrible, que generalmente dice algo como "Nunca pensé que esto pasaría aquí". Esta mentalidad puede inducirlo a una falsa sensación de seguridad. Las estadísticas muestran que los tiroteos masivos no solo están en aumento, sino que no muestran un patrón discernible con respecto a la ubicación.

FIGURA 4.4: Geográfica de Tiradores Activos – 2018. Mapa del FBI que representa 27 incidentes de tiradores activos en 16 estados. (Departamento de justicia de EE. UU., 2018)

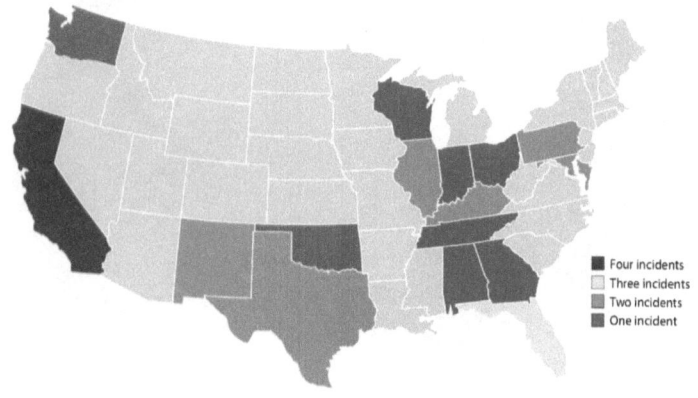

Estadísticas Adicionales

Un estudio del FBI analizó 277* incidentes de tiradores activos que datan de 2000 a 2018. (Departamento de justicia de EE. UU., 2019) El estudio determinó que:

---
*Ver Apéndice B.

- Solo doce de los incidentes involucraron a un tirador femenino.
- Más de un tirador perpetró solo tres incidentes.
- En al menos nueve de esos incidentes, el tirador asesinó a un miembro de la familia en su casa antes de pasar a un área más poblada.
- El 52.7% de esos 277 incidentes llegaron a su fin por la iniciativa del tirador.
  - Se suicidó, huyó de la escena o simplemente dejó de disparar por completo antes de entregarse a la policía
- El 32.5% de estos incidentes llegaron a su fin cuando la policía atacó al tirador con disparos.
- El 13.0% de los incidentes fueron detenidos por un ciudadano desarmado que restringió con éxito al tirador.
- 43.7% de los incidentes ocurrieron en ubicaciones comerciales.
  - De estos, el 30.6% ocurrió en negocios que están cerrados a los peatones.

Nota: "Los incidentes identificados en este estudio no abarcan todas las situaciones relacionadas con armas de fuego; por lo tanto, se debe tener precaución al usar esta información sin ponerla en contexto. Específicamente, los tiroteos que resultaron de la violencia de pandillas o drogas (actos criminales generalizados y de larga trayectoria que también podrían afectar al público) no se incluyeron en este estudio. Además, otros disparos relacionados con armas de fuego no se incluyeron cuando esos incidentes generalmente parecían no poner en peligro a otros (por ejemplo, la descarga accidental de un arma de fuego en un edificio escolar o una persona que eligió suicidarse públicamente en un estacionamiento). El estudio no abarca todos los asesinatos en masa o tiroteos en lugares públicos y, por lo tanto, tiene un alcance limitado". (FBI)

- - El 61.2% ocurrió en negocios abiertos a los peatones.
  - 8.3% tuvo lugar en un centro comercial.
- 20.6% ocurrió en lugares educativos.
  - De ellos, el 73.7% en Pre-Kindergarten hasta el último año de bachiller.
  - 26.3% ocurrió en instituciones de educación superior.

El FBI realizó un estudio para el año calendario 2016 a 2017, que analizó 50 incidentes de tiradores activos. (Departamento de justicia de EE. UU., 2018) El estudio determinó que:

- 50 incidentes ocurrieron en 21 estados
  - 40% de los incidentes cumplieron con los criterios de "asesinato en masa"
  - 100% de los perpetradores eran hombres
  - 6% de los perpetradores usaban armadura corporal
  - 26% de los perpetradores se suicidó
  - 22% de los perpetradores fueron asesinados por agentes de policía
  - 16% de los perpetradores fueron detenidos por ciudadanos
  - 36% de los perpetradores fueron detenidos por la policía

- Hubo 943 víctimas, de las cuales 23.4% fueron asesinadas y 76.6% resultaron heridas.
  - 20 agentes de la ley resultaron heridos
  - 13 agentes de la ley fueron asesinados durante este período de tiempo
- 34% de los incidentes ocurrieron en ubicaciones comerciales
  - De estos, el 23% ocurrió en negocios que están cerrados a los peatones.
  - El 71% ocurrió en negocios abiertos a los peatones.
  - 6% tuvo lugar en un centro comercial
- 14% ocurrió en lugares educativos
  - De estos, 29% ocurrieron en escuelas primarias
  - 14% ocurrió en la escuela secundaria
  - 57% ocurrió en escuelas de bachiller
- 28% ocurrió en espacios abiertos
- 6% ocurrió en propiedades del gobierno
- 4% ocurrió en residencias, casas de culto
- 8% ocurrió en centros de salud
- 2% ocurrió en un autobús

Sus Opciones

Tipos de incidentes

Los incidentes de tiradores activos generalmente se incluyen en una de las tres categorías siguientes:

1. Ataques dirigidos
2. Ataques grupales
3. Ataques aleatorios

Los perpetradores tienden a compartir intenciones similares, obviamente. Quieren infligir terror y causar daño. Están buscando sus "15 minutos" de fama. El alcance de su terror previsto puede ser muy limitado, ya que tienen una persona o personas específicas a las que quieren herir. Por otro lado, puede ser mucho más amplio. Su plan puede ser apuntar a cualquier persona dentro de su campo de visión, también conocido como su campo de fuego.

Al dividir los incidentes en una de estas tres categorías, podemos ser aún más detallados con nuestro análisis. Veamos algunos ejemplos de cada una de estas categorías:

Ataque Dirigido

Según el FBI, existe un vínculo directo en el 27% de los incidentes anteriores entre el perpetrador y los individuos. Cuando se trata de un ataque dirigido, "se define como una persona o grupo de personas que eran *identificables antes del tiroteo* y a quienes el tirador activo pretendía atacar. No era necesario que el tirador activo conociera al objetivo por su nombre; la intención de atacar a una persona que ocupa un puesto o está afiliada a un negocio, centro educativo o en una agencia gubernamental fue suficiente. El objetivo podría ser un grupo, siempre y cuando los miembros de ese grupo pudieran haber sido identificados antes del ataque". (Silver, 2018)

Por ejemplo, el 5 de noviembre de 2017, aproximadamente a las 11:20 a.m., un hombre blanco de 25 años llevó a cabo un ataque dentro de la Primera Iglesia Bautista en Sutherland Springs, Texas.

El perpetrador fue un ex aviador de los EE. UU. con una serie de problemas legales que comenzaron al menos en 2012, cuando fue sometido a una corte marcial y sentenciado a un año en prisión militar por agredir a su esposa e hijo.

Una página de Facebook con el nombre del perpetrador mostró una foto de un rifle de asalto Ruger. Meses previos al asesinato, el perpetrador había comenzado a agregar desconocidos del área de Sutherland Springs como amigos de Facebook y entablar peleas con ellos.

La información recopilada después del tiroteo sugiere que el objetivo principal del perpetrador era su suegra, Michelle Shields. Cuando el perpetrador entró por primera vez a la iglesia desde una puerta lateral abierta, disparó su rifle semiautomático Ruger AR-556 hacia una esquina de la iglesia donde Shields solía sentarse.

Shields puede haber sido el foco de la violencia del perpetrador, pero las docenas de víctimas muestran que el perpetrador estaba dispuesto a matar a tantas personas inocentes como fuera posible para llegar a Shields. Un total de 26 feligreses fueron asesinados, incluida la propia madre de Shields. Veinte más sufrieron heridas graves.

Sin que el perpetrador lo supiera, Shields ni siquiera asistía a los servicios ese día. (Baucum, 2018) Un ciudadano cercano escuchó los disparos desde su casa, agarró su propio rifle y disparó al perpetrador cuando salía de la iglesia. El perpetrador sobrevivió, pero resultó gravemente herido. Escapó en su camioneta antes de quitarse la vida.

Ataque Grupal

En un ataque grupal, también conocido como "otro", en el 36.5% de las situaciones, según el FBI, "hubo una mezcla de víctimas específicas y aleatorias en el mismo tiroteo". La circunstancia típica ocurrió cuando un tirador activo fue a un lugar con objetivos en mente y disparó a otros que estaban en el mismo lugar, ya sea porque presentaban algún obstáculo en el ataque o por razones que no podían identificarse". (Silver, 2018)

Pensamiento Proactivo en un Mundo Incierto

La intención es matar a tantas personas como sea posible y la suposición es matar a quien esté a la vista, pero pasar objetivos duros. Un ejemplo sería el tiroteo de la discoteca Club Pulse. El 12 de junio de 2016, a las 2:00 a.m., un hombre del Medio Oriente de 29 años ingresó al Club Pulse en Orlando, Florida, armado con un rifle semiautomático SIG Sauer MCX y una pistola semiautomática Glock 17 de 9 mm.

A diferencia del ataque de la Iglesia de Sutherland Springs, el ataque al Club Pulse no se centró en matar a una persona específica. Su intención era matar a tantas personas como posible. Dejó 49 muertos y 53 heridos. Después de un enfrentamiento de tres horas, la policía de Orlando pudo disparar y matar al perpetrador.

Ataque Aleatorio

Según el FBI, hay un 36.5% de incidentes sin vínculo, "en los casos en que las víctimas no pudieron haber sido identificadas razonablemente antes del tiroteo, y se consideró que el tirador activo había seleccionado a las víctimas al azar". Las víctimas de ataques aleatorios tenían: 1) ninguna conexión conocida entre el tirador activo y las víctimas, y 2) las víctimas no estaban específicamente vinculadas a la queja del tirador activo. (Silver, 2018)

La intención varía y la expectativa es matar a quien esté a la vista. El Francotirador de Beltway es un ejemplo. Durante el mes de

Sus Opciones

octubre de 2002, dos hombres afroamericanos, de 41 y 17 años, atacaron al azar a sus víctimas con un rifle de largo alcance (Bushmaster XM-15 y .223 Remington / 5.56x45mm OTAN), en todo Maryland, Virginia y el Distrito de Columbia.

Lo que separa este ejemplo de los dos anteriores es el hecho de que estos tiradores seleccionaron a sus víctimas desde un punto de vista oportunista. Dispararon contra cualquiera que estuviera en la mira, uno a la vez y desde la distancia. Utilizaron su Chevrolet Caprice azul del 1990 mientras uno de ellos estaba acostado en el maletero del vehículo disparando al estilo francotirador desde un agujero cerca de la placa del vehículo. El agujero permitió a los perpetradores permanecer ocultos y evadir a las autoridades durante sus ataques.

Después de una denuncia, fueron arrestados mientras dormían en una parada de descanso cerca de la Interestatal 70 cerca de Myersville, Maryland. Según una entrevista de CNN, "La evidencia más fuerte en este caso, el rifle Bushmaster, fue encontrado con los perpetradores en el momento de su arresto y vinculado a través de pruebas balísticas ... el Chevy Caprice en el que fueron encontrados tenía una percha de francotirador y un puerto para disparar en el maletero". (CNN, 2003) Su serie de ataques de tres semanas de duración finalmente terminó con 17 muertos y 10 heridos (7 personas murieron en Washington, Luisiana, Maryland, Georgia y Alabama antes de los ataques de DC).

5

Incertidumbre en el Lugar de Trabajo

"Ha habido un salto cuántico tecnológicamente en nuestra época, pero a menos que haya otro salto cuántico en las relaciones humanas, a menos que aprendamos a vivir de una manera nueva, habrá una catástrofe".

Albert Einstein

Incidentes de Tiradores Activos en el Lugar de Trabajo

Dado que la mayoría de estos incidentes ocurren en lugares de negocios (abiertos a peatones o no), los empleados deben ser educados y conscientes de todas las señales de advertencia o factores contribuyentes que pueden convertirse en un tiroteo masivo. Sin embargo, estos incidentes no solo deben segmentarse en los cubos que se presentan a continuación. Para mantenerse proactivo, debe pensar en su entorno como un trabajador. Si actualmente trabaja, es un empleado y, por lo tanto, una empresa u organización ha depositado su confianza en usted.

Hay cuatro categorías en las que podemos ubicar la violencia en el lugar de trabajo. Algunas de estas formas incluyen:

Cuatro Amplias Categorías de Violencia en el Lugar de Trabajo

1. Desconocidos Absolutos

Estas personas no están afiliadas al lugar de trabajo de ninguna manera discernible. Por lo general, tienen la intención de infligir el mayor daño posible dentro de una ubicación aleatoria. A veces, estos tiradores pueden tener opiniones políticas o religiosas extremistas que van en contra de ciertas empresas. El tirador también puede estar cometiendo un delito, como un secuestro o un robo. Por lo tanto, cualquier disparo realizado por el perpetrador puede ser un medio para lograr su objetivo principal.

2. Familiares, Relaciones Personales

El tirador puede ser un pariente de un empleado o alguien que tenga una relación cercana con un empleado. O al menos lo que perciben como una relación cercana. El perpetrador puede tener una relación con el empleado fuera del trabajo que se extiende al entorno laboral.

3. Empleados y Supervisores

Una disputa entre empleados se extiende hasta el punto de que un empleado perpetra un tiroteo y apunta a uno o más compañeros de trabajo, con la posible intención de matar a otros como daño colateral. Los posibles ejemplos pueden incluir un exempleado que vio su despido como injusto, un subordinado descontento que decidió tomar medidas violentas contra sus superiores, o incluso un trabajador de toda la vida que está furioso por algo como un retiro forzoso o una pérdida de pensión.

La intimidación también es un factor importante que contribuye en casos de violencia entre trabajadores. El abuso verbal o emocional puede motivar a alguien a usar la violencia contra su abusador.

4. Consumidores, Clientes o Pacientes

El tirador está tan insatisfecho por el trato o servicio que recibió del negocio que decide vengarse por medio de la violencia. Ejemplos de motivos pueden incluir una disputa sobre el pago o las obligaciones contractuales, discriminación percibida o incluso algo tan benigno como un cupón vencido. Estos pueden ser clientes recurrentes, clientes nuevos, clientes potenciales, proveedores externos, etcétera. Básicamente, cualquier persona que haya venido al lugar de trabajo con fines comerciales de alguna manera.

Esos cuatro ejemplos abarcan a personas que pueden entrar en un negocio comercial, más o menos. Considere las siguientes tres preguntas dentro del contexto de los cuatro ejemplos anteriores:

- ¿Sería fuera de lo normal que un cliente ingrese a su trabajo, ya sea uno nuevo o uno que regresa?
- Si entrara un pariente suyo o un pariente de uno de sus compañeros de trabajo, ¿eso dispararía alguna alarma mental?
- ¿Te parecería extraño si un empleado o supervisor se presentara a trabajar si no estuviera programado para ese día?

La respuesta a todas estas preguntas puede variar, pero lo más probable es que no. Estos ejemplos no están fuera de lo común. Al menos no a su valor nominal. Pero si considera ciertos factores que a menudo se presentan como denominadores comunes, es posible que vea un hilo común, como un historial de violencia o abuso de sustancias.

Factores de Riesgo de Violencia Laboral

El lugar de trabajo en sí puede presentar varios factores de riesgo, como los doce factores de riesgo representados en la Figura 5.1, que puede ver a continuación:

FIGURA 5.1: Factores de Riesgo de Violencia Laboral

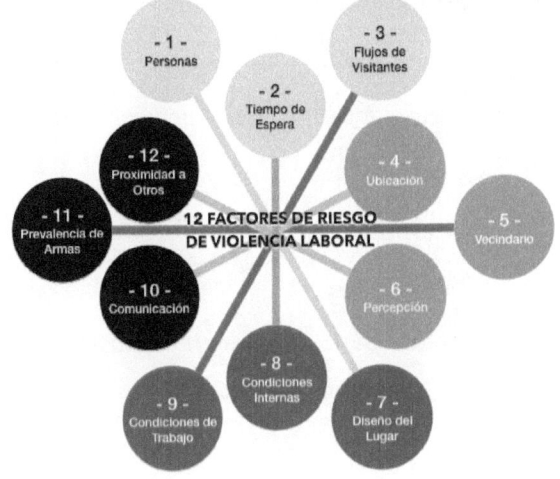

1. Personas

Para realizar negocios, necesita personas, pautas y políticas que ayuden a administrar el comportamiento de los empleados o clientes. Las organizaciones están en riesgo sin los estándares apropiados establecidos para mitigar cualquier comportamiento indeseable que pueda representar una responsabilidad. Por lo tanto, las personas y su comportamiento son un factor de riesgo a considerar dentro del marco de violencia en el lugar de trabajo. Si una empresa no tiene expectativas claras escritas en las políticas de los trabajadores y se queda corto con su educación y capacitación de los empleados, especialmente con respecto a los ensayos de incidentes de tiradores activos, el riesgo aumenta para que un peligro se manifieste en un incidente. Considera preguntarte a ti mismo:

- ¿Mi instalación cuenta con medicamentos, narcóticos o dinero?
- ¿Mi instalación tiene individuos (trabajadores, contratistas, estudiantes, etcétera.) con antecedentes de violencia?
- ¿Mi instalación tiene individuos (trabajadores, contratistas, estudiantes, etcétera.) con antecedentes de abuso de drogas o alcohol?
- ¿Mi instalación tiene personas propensas a la violencia?

2. Tiempo de Espera

La experiencia de un cliente tiene un vínculo directo con su satisfacción, cual desempeña un papel en la seguridad general de la organización. La falta de satisfacción del cliente puede conducir a la impaciencia del cliente. Por lo tanto, el segundo factor de riesgo potencial a considerar es el tiempo de espera. Considera preguntarte a ti mismo:

- ¿Funciona la instalación con un tiempo de espera ineficiente?
- ¿La instalación generalmente tiene un problema de hacinamiento?
- ¿La instalación tiene salas de espera estrechas?

3. Flujo de visitantes

Si su lugar de trabajo tiene una especie de política de "libre para todos" con respecto al servicio al cliente, esto puede muy bien convertirse en un conjunto completamente diferente de estresantes. Como ejemplo, si su organización permite que las personas vayan y vengan como quieran sin poca o ninguna supervisión, puede aumentar el riesgo potencial de violencia. Los riesgos pueden desarrollarse cuando los clientes no tienen claro dónde deben alinearse o con quién deben hablar, y los empleados desconocen de quien es el próximo turno. Una vez más, estos defectos en la política del lugar de trabajo pueden llevar a los empleados y a los clientes a una mentalidad estresada, lo que potencialmente puede llevarlos a tomar decisiones irracionales y posiblemente violentas. Por lo tanto, el tercer factor de

Sus Opciones

riesgo potencial a considerar es el flujo de personas dentro de cualquier organización. Considera preguntarte a ti mismo:

- ¿Funciona la instalación con el movimiento irrestricto de personas?
- ¿Se monitorea la instalación con cámaras de CCTV?
- ¿La instalación tiene controles y balances de seguridad?
    - Prevención: ¿Está dedicando más recursos a prevenir una amenaza?
    - Detección: ¿Está dedicando más recursos a la detección de peligros?
    - Respuesta: ¿Está invirtiendo en mitigar los controles para evitar que se repitan los peligros o las amenazas?

4. Ubicación / Transporte

Algunas empresas pueden requerir el transporte de activos de una instalación a otra. El transporte de suministros o personas (estudiantes / clientes / empleados) presenta el cuarto factor de riesgo de violencia en el trabajo mencionado. Considera preguntarte a ti mismo:

- ¿Mi trabajo requiere transportar bienes o servicios fuera del sitio? Si es así:

- ¿Mi organización transporta suministros entre instalaciones o ubicaciones?
- ¿Mi organización transporta personas entre instalaciones o ubicaciones?

5. Vecindario / Ubicación

Las áreas con altas tasas de criminalidad pueden aumentar la probabilidad de un incidente, al igual que la falta de seguridad adecuada en el lugar de trabajo. Aunque no se debe "juzgar un libro por su portada", un negocio que opera en vecindarios difíciles corre un riesgo en términos de seguridad. Sin embargo, muchas empresas operan en vecindarios de bajos ingresos con altas tasas de criminalidad. Esto lo convierte en nuestro quinto factor de riesgo. Considera preguntarte a ti mismo:

- ¿Mi organización está ubicada en un vecindario con una alta tasa de criminalidad?
- ¿Mi organización tiene personal de seguridad inadecuado en el sitio?

6. Percepción

Los signos visibles del crimen, o la percepción del crimen, pueden alentar más crimen y desorden. Esta es una forma esencial de pensar en la "Teoría de la Ventana Rota" presentada por los científicos sociales James Q. Wilson y George L. Kelling. La percepción es el sexto factor de riesgo. Considera preguntarte a ti mismo:

- ¿Se presta mi organización a una percepción general de que se tolera la violencia?
- ¿Se presta mi organización a una percepción general de que las víctimas no podrán denunciar los incidentes a la policía o al liderazgo?

7. Diseño Pobre del Lugar de Trabajo

La estética de un edificio es muy importante al diseñar un nuevo edificio. Pero además de su estética, la seguridad y la protección de su infraestructura también se consideran antes de comenzar. Por lo tanto, también es necesario un equilibrio al considerar la disposición física interna del edificio. No podemos cambiar la arquitectura, la estética o la posible falta de seguridad en el diseño físico del lugar de trabajo. Pero debemos ser conscientes de sus fortalezas y debilidades de diseño físico en caso de que necesitemos reaccionar durante una emergencia. Los diseños de lugares de trabajo que tienen vistas obstruidas, poca iluminación y multitudes / objetos en el camino de las salidas son algunos ejemplos.

El séptimo factor de riesgo a considerar es el diseño del lugar de trabajo. Pregúntese:

- ¿Trabaja en un entorno con un diseño ambiental deficiente?
- ¿Trabaja en un entorno con obstáculos de visibilidad, como columnas que bloquean su visión hacia el exterior?
- ¿Trabaja en un entorno con algo que proporcione interferencia para el potencial de escape?

8. Malas Condiciones Internas

La seguridad física de los edificios es crucial para la seguridad de las empresas. La "seguridad física" abarca muchas capas. La iluminación, como ejemplo, es un criterio esencial para la seguridad de un edificio. La visibilidad clara del tráfico peatonal es vital para mantener a las personas seguras. Por lo tanto, la luz, el octavo factor de riesgo, es una ventaja estratégica de la seguridad general, tanto interna como externamente. Considera preguntarte a ti mismo:

Sus Opciones

- ¿Mi instalación tiene pasillos mal iluminados?
- ¿Mi instalación tiene habitaciones mal iluminadas?
- ¿Mi instalación tiene estacionamientos mal iluminados y otras áreas?

9. Condiciones de Trabajo

Una alta tasa de rotación o una fuerza laboral insuficiente crean un ambiente de trabajo estresante y posiblemente podrían empujar a algunos empleados al límite por completo. Factores como estos pueden sumarse a los clientes que enfrentan tiempos de espera más largos o áreas públicas abarrotadas del negocio, lo que puede estresar a los empleados, clientes y pacientes por igual.

La Administración de Seguridad y Salud de los Estados Unidos (OSHA, por sus siglas en inglés), exige que "los empleadores tengan la responsabilidad de proporcionar un lugar de trabajo seguro y saludable que esté libre de riesgos graves reconocidos". Los empleados no deben sentirse estresados mientras trabajan debido a las malas condiciones de trabajo. Este es el noveno factor de riesgo asociado con la violencia laboral. Considera preguntarte a ti mismo:

- ¿Mi organización tiene períodos de escasez de personal y alta rotación de trabajo?

- ¿Se sienten estresados los trabajadores durante las actividades operativas pico?
- ¿Hay falta de liderazgo dentro del ambiente de trabajo?

10. Comunicación

La comunicación es un pilar central del liderazgo. Por lo tanto, el décimo factor de riesgo de violencia en el lugar de trabajo es la falta de comunicación dentro de una institución desde una perspectiva humana (liderazgo) o sus procesos centrales (políticas y estándares). Sin una dirección clara y pautas del liderazgo, a los empleados les puede resultar difícil adaptarse y manejar una crisis inesperada. Pregúntese:

- ¿Tiene mi organización políticas para manejar una crisis dentro de mis instalaciones?
- ¿Realiza mi organización capacitación con miembros del personal? Si es así, ¿con qué frecuencia?
- ¿Mi liderazgo organizacional reconoce y maneja los comportamientos hostiles de manera eficiente?

Sus Opciones

11. Prevalencia de Armas

La prevalencia de armas en un entorno puede ser un riesgo en sí mismo. Las leyes públicas sobre la portación a la vista o la portación oculta varían en todo Estados Unidos. Las empresas también tienen sus respectivos reglamentos y comportamientos sobre permitir o no que los clientes traigan armas de fuego a sus instalaciones. Por lo tanto, este es el undécimo factor de riesgo en la violencia laboral. Considera preguntarte a ti mismo:

- ¿Existe una prevalencia de armas de fuego, cuchillos y otras armas dentro del lugar de trabajo?

12. Proximidad a Otros

Dependiendo de dónde trabaje (ubicación) y la naturaleza de su trabajo (el tipo de trabajo), puede encontrarse solo dentro de una instalación o con clientes. Por lo tanto, el factor de riesgo final es la proximidad de trabajar al lado de otros.

Impacto Potencial de la Violencia en el Lugar de Trabajo

Según la Administración de Salud y Seguridad Ocupacional (OSHA, por sus siglas en inglés), los trabajadores estadounidenses tienen una alta tasa de denuncia de incidentes de violencia en el lugar de trabajo. Más de 2 millones (2,811,500) trabajadores estadounidenses informaron haber sido víctimas de violencia en el lugar de trabajo en 2017. (USDOL BLS, 2018) La violencia en el lugar de trabajo es "un acto o amenaza de violencia física, acoso, intimidación u otro comportamiento perturbador amenazante que ocurre en el lugar de trabajo (o fuera del trabajo que migra al trabajo). Abarca desde amenazas y abuso verbal hasta agresiones físicas e incluso homicidios. Puede afectar e involucrar a empleados, clientes, clientes y visitantes". (USDOL, n.d.)

Como propietario de un negocio o líder dentro de la organización, ignorar un problema de violencia en el lugar de trabajo puede ser costoso y un riesgo. El impacto en el negocio en general se puede sentir en toda la organización. Estos impactos comerciales se manifiestan como costos directos o costos indirectos.

Varios de los costos directos asociados con los reclamos de violencia en el lugar de trabajo son: 1) el costo asociado con una posible necesidad de atención de incidentes críticos debido al trastorno de estrés postraumático, 2) el costo asociado con un posible cierre temporal, 3) el costo asociado con una posible pérdida de ingresos, 4) el costo asociado con un posible aumento de la prima de atención médica, 5) el costo asociado con un aumento potencial en las primas de compensación para trabajadores, 6) el costo asociado con un costo potencial de litigio, y 7) el costo asociado con un posible gasto asociado rotación de empleados. (Walker, 2019)

Aunque los costos directos son potencialmente manejables por muchas organizaciones con importantes recursos financieros, los costos indirectos son mucho más difíciles de administrar y potencialmente irreversibles. La violencia en el lugar de trabajo atrae publicidad negativa no deseada, pérdida de productividad no deseada (interrupción del negocio), rotación potencial de empleados, caída probable de la moral y la satisfacción laboral, atmósfera temerosa, retención de empleados difíciles y trauma psicológico potencialmente duradero.

Los líderes empresariales tienen el deber fiduciario de mantener a las personas y sus propiedades libres de riesgos. Las personas deben estar seguras y sin ninguna amenaza de violencia, sin importar dónde vivan. Desafortunadamente, la violencia en el trabajo ha trascendido más allá de los entornos tradicionales y ha impactado a muchas personas en todo el mundo. Considere esta cita de la Organización Mundial de la Salud:

"La violencia en el lugar de trabajo, ya sea física o psicológica, se ha convertido en un problema global que cruza fronteras, entornos laborales y grupos ocupacionales. Para un tema ya olvidado, la violencia en el trabajo ha cobrado drásticamente impulso en los últimos años y ahora es una preocupación prioritaria tanto en los países industrializados como en desarrollo". (Organización Mundial de la Salud, 2002)

Etapas de la Violencia en el Lugar de Trabajo

La violencia en el lugar de trabajo puede ser un evento espontáneo, o puede presentarse en múltiples etapas de escalada. Requieren atención inmediata para mitigar las acciones impulsivas que son perjudiciales tanto para la persona como para la organización. Como se demuestra en *La Violencia va a la Universidad : La Guía Autorizada para la Prevención, Intervención y Respuesta*, "los humanos, están fuertemente orientados verbalmente y tienden a prestar atención a lo que la gente dice. Sin embargo, con demasiada frecuencia ignoramos la discrepancia entre lo que se dice y cómo se dice, y solo vamos con la palabra hablada literal. Cuando las señales verbales y no verbales de alguien son incongruentes, la comunicación no verbal es casi siempre más reflexivo del verdadero estado emocional". (Christopher Bollinger, 2018)

Por ejemplo, el asalto físico tiene el potencial de escalar hasta el asalto mortal. "La conducta físicamente destructiva o abusiva podría reflejar un estado interno deteriorado o un control deficiente de los impulsos", que es una señal de advertencia de violencia en sí misma. (Ibídem) Algunos ejemplos de agresión física incluyen palizas,

Sus Opciones

puñaladas, agresión sexual o violación. El cuadro superior izquierdo de la Figura 5.2 muestra los niveles de escalada para asalto físico.

FIGURA 5.2: Violencia en el Lugar de Trabajo

Asalto Físico	Comportamiento Amenazante

• **Queja** > Totalmente cooperativa
• **Resistencia Pasiva** > Desafío sutil
• **Resistencia Activa** > Portazos, Volcando escritorios
• **Asalto** > Peleas físicas, Intenta lastimar a otros
• **Asalto mortal**
	• Más serio
	• Intimidar a otros con lenguaje
	  • Verbal
	    • Intenso, culpar a otros, usando la palabra "usted" en un tono acusatorio
	• Amenazas no verbales

Abuso Verbal	Formas de Comportamiento
• **Queja** > Interacción normal • **Negativo** > Con frecuencia se queja y responde negativamente a consejos útiles • **Abusivo** > Maldad general • **Derogatorio** > Vulgar, racista, sexista • **Asalto / Amenaza verbal:** Mayor riesgo (extraño y destructivo)	• Acoso • Hostigamiento • Violencia doméstica • Acecho • Abuso emocional • Intimidación

El lenguaje verbal y corporal de una persona, que es manipulador, intimidante y controla el comportamiento de los demás, es un fuerte indicador del comportamiento futuro. Estos comportamientos "sugieren que el individuo tiene habilidades mínimas de afrontamiento y/o interpersonales". El abuso verbal también puede escalar desde un nivel mínimo hasta el asalto verbal. El cuadro inferior izquierdo de la Figura 5.2 muestra estos niveles de escalamiento. Los ejemplos de abuso verbal pueden incluir culpar a otros, llamadas telefónicas obscenas, burlas y apodos.

La conducta amenazante es la más grave, ya que implica amenazas verbales o no verbales que pueden conducir a un altercado físico o abuso verbal. El cuadro superior derecho de la Figura 5.2 muestra ejemplos como; culpar a otros con una intensa intimidación del lenguaje.

El cuadro inferior derecho de la Figura 5.2 muestra formas de comportamiento hostil que generalmente se encuentran en el lugar de trabajo. Ellos son: acoso, intimidación, violencia doméstica, acoso, abuso emocional, acoso cibernético e intimidación.

Hay muchos ejemplos de organizaciones en diversas industrias afectadas por la violencia en el lugar de trabajo. Ninguna industria es inmune. Los ejemplos recientes de violencia en el lugar de trabajo lo ayudarán a ver cómo esta epidemia ha afectado a varias organizaciones y personas a través del acoso, la agresión sexual, la terminación o los disparos en masa. Algunos fueron espontáneos, mientras que otros aumentaron lentamente.

Acoso:

- El Gobierno Unificado del Condado de Wyandotte y Kansas City, Kansas, está manejando las secuelas de la condena de un jurado contra un supervisor de toda la vida que fue acusado de agresión menor contra una empleada. (El consejo editorial de Kansas City Star, 2019)

- La compañía de producción The Weinstein Company ha perdido su negocio debido a los cargos de delito grave contra el ex productor de Hollywood Harvey Weinstein. Weinstein ha enfrentado serios cargos relacionados con asalto y acoso sexual. (Paul, 2019)

Agresión sexual:

- La Universidad de Arizona también enfrenta una investigación de hostilidad en el lugar de trabajo luego de los informes de una presunta agresión sexual que involucra a jugadores de fútbol y una "cultura de acoso sexual en el programa de fútbol". (Schmidt, 2019)
- Una empleada de la Universidad de Medicina de Carolina del Sur fue agredida sexualmente por un paciente después de que el paciente fue trasladado a una habitación aislada. (Wildeman, 2019)

Terminación:

- Tras el despido de un empleado de la compañía de gestión integral de la cadena de suministro Burris Logistics, un exempleado fue arrestado "después de que presuntamente agredió a su supervisor" y luego "amenazó con matar a todos en el edificio". (Hamilton, 2019)

- Una azafata de la aerolínea United Airlines fue arrestada por intoxicación pública mientras trabajaba en el vuelo del 2 de agosto de 2019 que viajaba de Chicago a Indiana. La azafata a bordo estaba "arrastrando la voz" y no pudo caminar en línea recta durante el vuelo. (Deerwester, 2019)

Tiroteo Masivo:

- El incidente anterior de la cadena de suministro Burris Logistics es un ejemplo de un evento de violencia en el lugar de trabajo que podría haber sido catastrófico si no se hubiera informado a la policía. Desafortunadamente, la tienda Walmart, el bar Ned Peppers y el hotel Marriot se vieron afectados por incidentes de tiroteos masivos durante julio y agosto de 2019.
- El 30 de julio de 2019, dos empleados de la tienda Walmart fueron fusilados por un exempleado. Varios días antes del tiroteo, el perpetrador (un exempleado de la tienda Walmart) blandió un cuchillo a sus compañeros de trabajo, lo que llevó a su suspensión. (Natalie Neysa Alund, 2019)

- El 3 de agosto de 2019, un perpetrador mató a 22 personas e hirió a otras 24 en la tienda Walmart del centro comercial Cielo Vista ubicada en El Paso, Texas. El FBI está investigando el incidente como posible crimen de odio y terrorismo doméstico. (Bates, 2019)
- En menos de 24 horas, la ciudad de Dayton, Ohio, también experimentó un tirador activo frente al bar Ned Peppers ubicado en Dayton, el distrito de bares de Ohio. El incidente dejó diez personas muertas y otras 27 heridas. (Zennie, 2019)
- El 21 de agosto de 2019, el Departamento de Policía de Long Beach, CA arrestó a un empleado descontento que amenazó con cometer asesinatos en masa en su lugar de trabajo. El perpetrador tenía "planes claros, intención y los medios para llevar a cabo un acto de violencia que podría haber resultado en un incidente de bajas masivas". (Wigglesworth, 2019)

6

La Importancia de la Observación

"Prestar atención y conciencia son capacidades universales de los seres humanos".

Jon Kabat-Zinn

La motivación es un aspecto importante de la productividad y el éxito. ¿Se puede lograr un objetivo si carecen por completo de la motivación para hacerlo? Probablemente no.

¿Puede un abogado interrogar exitosamente a un testigo si no está motivado para ganar el caso? ¿Puede un atleta estrella batir récords sin problemas si no dan todo lo que tienen? ¿Puede un empleado convertirse en CEO si no refleja las habilidades y la motivación para liderar? No, no y no.

Creo que la motivación es un factor clave para muchas de las cosas que hacemos desde el momento en que comenzamos el día. Lo usamos diariamente para hacer algo, cualquier cosa, que nos permita lograr nuestros objetivos personales y superar nuestras aspiraciones profesionales. Sirve como nuestra fuerza motriz y mantiene un pie delante del otro.

Pero la motivación puede ser una fuerza para el mal tanto como puede ser una fuerza para el bien. Entonces, ¿qué motiva a un tirador activo a actuar según su plan?

Según la investigación del FBI, hay quince "factores estresantes" que proporcionan información sobre las posibles motivaciones para que una persona cometa un delito. Los estresores son invisibles y difíciles de detectar a menos que esté al menos algo familiarizado con la persona que los puede exhibir. Son "fuerzas físicas, psicológicas o sociales que imponen demandas/presiones reales o percibidas a un individuo y que pueden causar angustia psicológica y/o física. Se considera que el estrés es un correlato bien establecido del comportamiento delictivo". (Felson, 2012) Los factores estresantes analizados pueden variar desde presiones financieras, preocupaciones sobre la salud física, hasta conflictos interpersonales con familiares, amigos y colegas, solo por nombrar algunos.

Como se mencionó anteriormente, la totalidad de las circunstancias debe aplicarse aquí. El hecho de que alguien esté pasando por presiones financieras o tenga conflictos interpersonales con un miembro de la familia no significa que sea una amenaza o que cometa un delito. De hecho, el FBI seleccionó datos de incidentes anteriores de tiradores activos entre 2000-2013 que reflejaban "un impacto adverso en ese individuo, y que eran lo suficientemente significativos como para haber sido memorizados, compartidos o notados de alguna otra manera (por ejemplo, en el tirador activo escritos propios, en conversación con familiares o amigos, archivos de trabajo, registros de la corte)". (Silver, 2018)

FIGURA 6.1: 15 Posibles estresores en los perpetradores de tiradores activos (Silver, 2018)

Invisible: 15 estresores memorizados en incidentes anteriores

"Fuerzas físicas, psicológicas o sociales que imponen demandas/presiones reales o percibidas sobre un individuo y que pueden causar angustia psicológica y/o física. Se considera que el estrés es un correlato bien establecido del comportamiento criminal".

- 62% - Problemas de salud mental	- 49% - Tensión financiera	- 29% - Conflicto con amigos/compañeros	Otros: Misantropía
- 27% - Problemas conyugales	- 35% - Problemas laborales	- 22% - Problemas relacionados con la escuela	Otro: Injusticia percibida
- 22% - Abuso de drogas ilícitas o alcohol	- 21% - Lesion fisica	- 18% - Conflicto con los padres	Otro: Venganza
- 13% - Estrés sexual/frustración	- 11% - Problemas legales penales	- 16% - Conflicto con otros miembros de la familia	Otro: Extremismo ideológico
- 6% - Muerte de un amigo/familiar	- 10% - Problema legal civil	- 22% - Otros	Otro: Notoriedad

La Figura 6.1 detalla cada factor estresante previo al ataque con su porcentaje respectivo en el que puede haber influido en el perpetrador antes del incidente. Por ejemplo, la tensión financiera fue estresante en el 49% de los perpetradores, los problemas relacionados con el trabajo fueron un factor en el 35% de los casos, seguidos de conflictos con las personas, problemas matrimoniales o problemas legales civiles, entre otros. En el Apéndice A, proporciono una explicación adicional con la definición de cada factor estresante.

FIGURA 6.2: 21 Comportamientos potenciales relativos a los perpetradores de tiradores activos (Silver, 2018)

Observable: 21 comportamientos en incidentes anteriores

Comportamientos preocupantes son comportamientos observables exhibidos por el tirador activo.

- 62% - Salud Mental	- 33% - Ira	- 11% - Impulsividad
- 57% - Interacciones interpersonales	- 33% - Agresión física	- 10% - Abuso de alcohol
- 56% - Filtración	- 21% - Toma de riesgos	- 10% - Salud física
- 54% - Calidad de pensamiento o comunicación	- 21% - Comportamiento con armas de fuego	- 6% - Comportamiento sexual
- 46% - Desempeño laboral	- 19% - Uso violento de medios	- 5% - Calidad del sueño
- 42% - Rendimiento escolar	- 13% - Peso/comer	- 3% - Higiene/apariencia
- 35% - Amenazas/confrontaciones	- 13% - Abuso de drogas	- 8% - Otros

Por otro lado, hubo 21 "comportamientos preocupantes" identificados por el FBI para ayudarlo a mantenerse atento y proactivo antes de que el peligro pueda atacar. (Silver, 2018) Los comportamientos enumerados en la Figura 6.2 fueron características observables exhibidas por el tirador activo. Además, otras personas sabían y detectaron estos comportamientos en los individuos antes de que se convirtieran en un tirador activo. Las personas que conocían a la persona de antemano sintieron un grado de inquietud "más que mínimo" sobre su bienestar y la seguridad de las personas que la rodean. (Ibídem) Esto es muy importante teniendo en cuenta que la lista anterior de 15 factores estresantes eran factores con los que los tiradores activos luchaban personalmente, pero eran difíciles de detectar. Actuaron en base a una combinación de esos factores estresantes y estos comportamientos preocupantes. Es solo otro ejemplo de la totalidad de las circunstancias que se han mencionado anteriormente.

Las características van desde interacciones interpersonales, fugas, calidad de pensamiento o comunicación, desempeño laboral e ira, entre otros comportamientos. En el Apéndice A, también proporciono una explicación adicional con la definición de cada comportamiento preocupante.

Posibles Motivos

Los tiradores activos son individuos únicos, como el resto de nosotros. Sí, todos decidieron infligir violencia a personas inocentes, pero la combinación de factores que los llevó a ese punto es dónde radican sus diferencias. Pero al comenzar con el motivo específico de cada tirador y siguiendo la raíz, encontramos que muchos incidentes de tiradores activos parecen compartir la misma raíz.

Obviamente, no hay absolutamente ninguna manera de predecir con total certeza que alguien se convertirá en un tirador activo, pero al observar los 15 factores estresantes antes mencionados, 21 con respecto a las señales de advertencia y prestar especial atención a las personas que conocemos u observar ciertos comportamientos en otras personas, comenzamos a ver los paralelos y analizar patrones dentro de la totalidad de las circunstancias.

Aquí hay varios estudios de caso que proporcionan ejemplos de posibles motivos y señales de advertencia de los perpetradores anteriores:

Estudio de Caso #1

Perpetrador # 1 Exhibió:

- Mayor aislamiento, depresión, desapego, conductas retraídas
- Declaraciones paranoicas o delirantes
- Empatía hacia los delincuentes violentos
- Ira incontrolable, arrebatos de ira
- Historia de violencia o tratamiento psiquiátrico
- Declaraciones suicidas

El tiroteo en el Astillero Naval de Washington en 2013 perpetrado por un hombre afroamericano de 34 años es un ejemplo de lo que puede suceder cuando la salud mental pobre motiva a una persona a cometer asesinatos masivos. Los comportamientos y rasgos de personalidad observados por aquellos quienes sabían que el perpetrador era notablemente similar a otros tiradores activos que enfrentaban desafíos de salud mental.

Un mes antes del tiroteo en el Astillero Naval de Washington, el perpetrador había presentado un informe policial en Rhode Island, en el que decía que estaba sufriendo hostigamiento y escuchando voces en su cabeza. (Andersen, 2013) También afirmó que "ELF", o "ondas electromagnéticas de frecuencia extremadamente baja", estaban tratando de ganar influencia y control sobre él. (Ian Simpson, 2013) Tras la investigación de sus dispositivos informáticos personales, las autoridades encontraron el siguiente mensaje, escrito por el perpetrador del Astillero Naval de Washington:

"Ataques de frecuencia ultra baja es a lo que he estado sujeto durante los últimos 3 meses. Y para ser sincero, eso es lo que me ha llevado a esto".

La creencia del perpetrador del Astillero Naval de Washington de que las fuerzas externas intentaban dominar sus facultades mentales es un ejemplo clásico de ilusión y paranoia que suelen exhibir los tiradores con enfermedades mentales. Se encontraron más ejemplos de esto escritos en el arma homicida. La escopeta Remington de calibre 12 del perpetrador tenía las siguientes frases grabadas en el metal:

"¡Mejor de esta forma!"

"¡Mi arma ELF!"

"¡No es lo que todos dicen!"

"¡Fin a este tormento!"

Estudio de Caso #2

Según lo documentado por el estudio del FBI sobre tiradores activos entre 2000 y 2013, "una queja se define como la causa de la angustia o resentimiento del tirador activo; una percepción, no necesariamente basada en la realidad, de haber sido maltratado o tratado de manera injusta o inapropiada". Explican que una queja es "más que un sentimiento típico de resentimiento o enojo pasajero a menudo resulta en una preocupación muy distorsionada con una sensación de injusticia, como una herida que no sana. Estos pensamientos pueden saturar el pensamiento de una persona y fomentar un sentido generalizado de desequilibrio entre la autoimagen. La humillación comienza a hervir, eventualmente hasta un punto que el sujeto no puede soportar. En este punto, pueden idear un plan para 'corregir el error' con la esperanza de restaurar lo que perciben como un equilibrio". (Silver, 2018)

Un tirador que fue impulsado a matar a otros en base a algún tipo de trato injusto, ya sea real o imaginado, a menudo exhibirá los siguientes comportamientos:

- Indignación y culpa hacia los demás por una injusticia percibida
- Amenazas de violencia, tanto verbales como no verbales
- Acecho
- Hostilidad hacia aquellos que los han menospreciado
- Incapacidad para manejar el estrés de las relaciones, el acoso escolar, el trauma emocional, etcétera.

El tiroteo en la iglesia de Sutherland Springs, Texas, perpetrado por un hombre blanco de 25 años sirve como un ejemplo de este factor motivador. El ataque del perpetrador del tiroteo en la Iglesia de Texas vino de su creencia de que las acciones de otros lo dejaron sin opción.

El perpetrador del tiroteo en la Iglesia de Texas sintió que tenía varios problemas con su suegra, probablemente debido al hecho de que no estaba contenta con que su hija estuviera casada con alguien con antecedentes penales y antecedentes de violencia. Había pasado un año en una prisión militar por agredir a su primera esposa y a su hijo. También había sido acusado de crueldad hacia los animales en un incidente de 2014. (Eli Rosenberg, 2017)

Mientras que la suegra era el objetivo principal del tirador, el resto de los asistentes de la iglesia debían ser daños colaterales. Irrumpió y disparó primero hacia una hilera de bancos donde normalmente se sentaba su suegra. (Ella no asistió ese día, sin que él lo supiera). (Ibídem)

Después del tiroteo, la suegra, Michelle Shields, proporcionó una serie de ejemplos que ilustraban el odio del perpetrador de los disparos de la Iglesia de Texas hacia ella, incluidos mensajes de texto en el que explícitamente amenazó con violencia a la Sra. Shields si ella fuera al hospital para presenciar el nacimiento de su propia nieta. (Foster-Frau, 2018) Uno de los mensajes de texto decía: "Personalmente haré que mi misión sea destruir toda tu vida. Te sugiero que no pruebes mi resolución". (Ibídem)

Si bien el perpetrador del tiroteo en la Iglesia de Texas tenía un historial bien documentado de comportamiento violento y malas elecciones, había alejado la culpa de sí mismo y se la daba a otros, es decir, Shields. Este es un patrón de comportamiento clásico entre muchos tiradores activos.

Estudio de Caso #3

Los actos de violencia extrema a veces pueden ser el subproducto del odio extremo, también conocido como "misantropía". Los posibles indicadores de comportamiento pueden incluir:

- Declaraciones verbales de odio hacia una persona o grupo en particular
- Hostilidad hacia aquellos que son diferentes
- Participación y/o simpatía por grupos que defienden el odio y la violencia
- Comentarios o amenazas xenófobas

El incidente del 17 de junio de 2015 de La Iglesia Episcopal Metodista Africana Emanuel en el centro de Charleston, Carolina del Sur, sirve como un ejemplo perfecto de esta motivación.

La presencia en internet/redes sociales del perpetrador de la iglesia de Carolina del Sur antes del tiroteo mostró numerosas señales de odio racial. (Robles, 2015) Las imágenes muestran al perpetrador usando parches en su chaqueta que a menudo están asociados con la supremacía blanca. Estos parches incluían la bandera de Rodesia, la bandera confederada, y la bandera de Sudáfrica. (Sari Horwitz, 2015)

El manifiesto publicado por el perpetrador, así como las respuestas que dio durante el interrogatorio policial, indicaron que el objetivo del perpetrador era incitar a una guerra racial entre negros y blancos. (Hersher, 2016) Algunos de los elementos contenidos en el manifiesto discutieron sus puntos de vista sobre el despertar racial inspirado en el incidente de Trayvon Martin; él afirmó haber sido educado por supremacistas blancos organizados después de su investigación sobre el caso Martin; También afirmó haber sido inspirado por el apartheid en Sudáfrica y la Confederación Americana; el perpetrador también escribió sobre el papel de la esclavitud en la historia de los EE. UU. y cómo influyó en él y sus puntos de vista sobre las razas. (Yglesias, 2015)

En el manifiesto en sí, el perpetrador escribe: "No tengo elección. No estoy en condiciones de, solo, entrar al gueto y luchar. Elegí Charleston porque es la ciudad más histórica de mi estado, y en un momento tenía la mayor proporción de negros a blancos en el país. No tenemos cabezas rapadas, ni KKK real, nadie hace nada más que hablar por internet. Bueno, alguien tiene que tener la valentía de llevarlo al mundo real, y supongo que ese soy yo". (The Guardian, n.d.) y (Buncombe, 2015)

Estudio de Caso #4

El extremismo ideológico es similar a la misantropía, pero generalmente está impulsado por puntos de vista extremos de origen religiosa o política. Los indicadores pueden incluir:

- Puntos de vista sociales, religiosos o políticos extremos junto con amenazas
- Retórica enojada y violenta

- Odio hacia aquellos que no comparten las mismas creencias o valores

El tiroteo en Fort Hood, Texas, del 5 de noviembre de 2009, sirve como un ejemplo notable. Los seis años del tirador como interno en el Centro Médico Militar Nacional Walter Reed levantaron algunas banderas rojas para quienes trabajaron estrechamente con él. Su desempeño laboral a menudo fue pobre, y los comentarios que hizo a menudo fueron recibidos por colegas y superiores como inapropiados y preocupantes. (NPR News, 2009) Por ejemplo, "a fines de 2008, casi un año antes de su ataque, el perpetrador capturó la atención del FBI cuando comenzó a enviar correos electrónicos a Anwar al-Aulaqi, un clérigo radical estadounidense de habla inglesa en Yemen; al-Aulaqi estaba bajo investigación del FBI y era ampliamente considerado como uno de los "sancionadores espirituales virtuales" más influyentes del terrorismo en el mundo. (Zegart, 2015)

El perpetrador mostró signos de aislamiento social y, a menudo, fue superado por el estrés relacionado con el trabajo. (Ibídem) Las historias de experiencias de guerra que los soldados compartieron con él (era un psiquiatra en el Ejército) trajeron signos obvios de frustración y desilusión hacia el servicio en las fuerzas armadas.

Un mes antes del tiroteo, el perpetrador estaba programado para ser desplegado en Afganistán. Le regaló muchas de sus pertenencias a su vecino, un comportamiento típico entre aquellos que planean un acto que podría resultar en su muerte o posiblemente en el encarcelamiento a largo plazo. (Brick, 2009) También hizo comentarios a otros miembros militares que fueron percibidos como antiamericanos durante este tiempo. (The Associated Press, 2009)

Consideraciones Adicionales

Además de estos posibles motivos y señales de advertencia, hay una serie de lo que se puede denominar "factores agravados". Estas son circunstancias que pueden reforzar la mentalidad problemática del tirador y borrar la línea entre la toma de decisiones racional e irracional. Ejemplos incluyen:

- Aumento del abuso de sustancias
- Aumento de la violencia o amenazas violentas
- Obsesión con las armas, que generalmente se manifiesta como almacenamiento o armarse en todo momento
- Hacer declaraciones directas sobre la realización de un ataque violento

La Comunicación es Crítica

En algún momento en el tiempo previo a estos ataques, cada uno de los tiradores mostró una combinación de estos factores (estresantes o comportamientos preocupantes) de una forma u otra.

Pensamiento Proactivo en un Mundo Incierto

Es fácil ignorar estos signos o descartarlos como el comportamiento típico de una persona realmente extraña, pero reconocer estos comportamientos y comunicarlos a los demás es el primer paso hacia la prevención. El segundo paso depende en gran medida de las entidades que reciben la advertencia. Me gustaría sugerir un tercer paso: dar seguimiento y asegurarse de que se haya tomado algún tipo de acción.

Pero ¿qué indicadores adicionales podemos tener en cuenta? A veces, están a la vista. No hay duda de que hay mucho que considerar cuando se trata de estar al tanto de los factores estresantes, los signos de advertencia precursores o los comportamientos preocupantes. Pero es importante saber cómo las personas pueden comunicarse con usted analizando los métodos conocidos de comunicación disponibles para mantenerse proactivo y mitigar el potencial de peligro. El FBI divide la comunicación concerniente en dos categorías, que son "amenazas/confrontaciones" y "filtraciones".

Según el FBI, los perpetradores han tenido un historial de hacer comentarios que indican su intención de violencia, a menudo directamente hacia su objetivo respectivo. Esta comunicación puede comenzar directamente desde el perpetrador. El 55% de los perpetradores lo han hecho en persona a través de enfrentamientos destinados a intimidar. Estos comentarios pueden hacerse a través de medios en línea o en persona (no verbal o verbal). Los medios de comunicación elegidos han sido a través de mensajes de texto, correos electrónicos, teléfono o redes sociales. (Silver, 2018)

En segundo lugar, los perpetradores han tenido antecedentes de filtrar su intención a un tercero (pistas con intención de acto violento). 56% de los perpetradores han filtrado sus sentimientos, pensamientos, fantasías, actitudes o intenciones a través de declaraciones verbales, escritas o en línea. (Ibídem)

La tercera categoría incluye el 30% de los perpetradores que han comunicado deliberadamente sus intenciones a través de un "token de legado". Estas son comunicaciones que pueden colocar al perpetrador en el camino para reclamar el crédito por su acto. Esto se ha hecho a través de manifiestos, videos, publicaciones en redes sociales que se organizan para el descubrimiento posterior al incidente. (Ibídem)

La comunicación es clave cuando alguien nota un grupo de las señales de advertencia discutidas anteriormente. El 89% de los incidentes analizados previamente por el FBI notó cuatro formatos en los cuales los perpetradores demostraron comportamientos preocupantes. (Ibídem)

1. El perpetrador verbalizó verbalmente el 95% de la comunicación
2. El 86% de las acciones físicas se observaron en el perpetrador

3. 27% de los perpetradores se comunicaron por escrito
4. 16% de los perpetradores mostraron su comportamiento en línea

Si se da cuenta de un grupo de señales de advertencia dentro de la totalidad de las circunstancias, debe decir algo. Si no toma medidas, es una oportunidad perdida para salvar vidas.

Las personas con mayor probabilidad de notar conductas relacionadas son familiares, amigos, compañeros de trabajo y/o compañeros de clase. Según el FBI, el 54% de las personas que notaron comportamientos preocupantes en perpetradores anteriores no comunicaron ningún comportamiento preocupante debido a la lealtad, la incredulidad o el miedo a las consecuencias. (Ibídem)

Hubo un puñado de personas que decidieron comunicar sus observaciones preocupantes. En el 83% de los incidentes, el método común de comunicación para ayudar a mitigar el riesgo era comunicarse directamente con el perpetrador. (Ibídem) En el 51% de los incidentes, los perpetradores decidieron denunciar a autoridades que no son responsables de la aplicación de ley. (Ibídem) En el 49% de los incidentes, se discutió con amigos y familiares, mientras que el 41% eligió denunciar las amenazas directamente a la policía. (Ibídem)

Comunicación Preocupante

Las amenazas/confrontaciones, según lo definido por el FBI, son "comunicaciones directas a un objetivo con intención de hacer daño y pueden ser entregadas en persona (para intimidar o causar problemas de seguridad) o por otros medios (por ejemplo, mensajes de texto, correo electrónico, teléfono)". (Ibídem)

La filtración, por otro lado, se refiere a "cuando una persona revela intencional o no intencionalmente pistas a un tercero sobre sentimientos, pensamientos, fantasías, actitudes, pensamientos indirectos de daño, "tokens de legado" (manifiestos/publicaciones en línea descubiertas minutos después del incidente) o intenciones que pueden indicar la intención de cometer un acto violento (insinuación sobre el deseo de cometer un ataque violento, o se jacta de la capacidad de dañar a otros)". (Ibídem) Se puede encontrar una filtración en muchos medios de comunicación de formas tradicionales de escritos (diarios personales) o en portales de comunicación basados en la nube. (tweets, blogs, etcétera.)

Si se encuentra en una situación en la que alguien puede indicar la intención de cometer un acto violento, considere escuchar lo que está diciendo y cómo lo está diciendo. Asegúrese de documentarlo también. Puede dudar en hacerlo, pero siempre debe considerar "la totalidad de las circunstancias". Los motivos, los signos de advertencia (estresores o comportamientos preocupantes) y los factores agravantes

Pensamiento Proactivo en un Mundo Incierto

se presentan en formas diferentes, y la combinación de los comportamientos que se derivan de estos factores siempre tienen el potencial de sumarse a un incidente de tirador activo. Por lo tanto, si observa estos comportamientos o escucha a alguien que amenaza abiertamente, ya sea directa o indirectamente, debe reportarlos de inmediato.

Aquí hay un ejemplo que puede ilustrar las filtraciones y la importancia de observar comportamientos extraños y actuar de manera apropiada, a llegar a conclusiones prematuras.

El 12 de diciembre de 2018, mi cliente me notificó de una amenaza publicada en Instagram. Mi cliente, el Sr. Buller, envió una foto de lo que parecía haber sido tomado de su teléfono personal. Me di cuenta de que las características de la cuenta estaban un poco extrañas. El nombre de la cuenta decía "hare daño a su escuela" y su nombre de usuario decía "schoolhouse_killer". Además, la cuenta tenía cero publicaciones, dos seguidores y un mensaje que decía "Los estudiantes VP y todos los que tienden allí morirán". Me detuve atemorizado cuando leí el mensaje y vi la foto. Me tomó varios minutos reunir mis pensamientos y crear un plan de acción.

En cinco minutos, le respondí a mi cliente y le pregunté: "¿Se ha notificado a las autoridades? ¿Y han sucedido amenazas como estas antes? Si es así, ¿cómo se manejaron?" Fue genial escuchar que la policía fue contactada y que la policía iba a estar en la escuela por la mañana. Con esto en mente, todavía quería hacer más y asegurarme de que tomé los pasos apropiados para notificar a cualquier otra persona que necesitaba ser notificada. El único pensamiento que pasó por mi mente fue "si algo sucede y no hice nada, me sentiré horrible y responsable".

Hice que mi equipo se pusiera en contacto con Facebook e Instagram sobre esta cuenta para marcarla de inmediato. Mientras mi equipo manejaba esa comunicación, contacté directamente al FBI. Sentí que era mi deber fiduciario como propietario de un negocio ayudar a mitigar la amenaza con su asistencia. Pero también me sentí moralmente responsable de notificar al FBI como ciudadano privado. Después de la llamada telefónica, sentí un poco de alivio porque todos los ángulos posibles se gestionaron de la mejor manera posible: el ángulo de las redes sociales, la aplicación de la ley local, estatal y federal. (KLFY, 2018)

Aquí hay otro ejemplo de la comunicación de una amenaza. El 15 de febrero de 2018, Angela McDevitt se convirtió en una heroína en el estado de Vermont. (Nina Keck, 2019) McDevitt reconoció una señal de advertencia que la sorprendió. Antes del incidente del 14 de febrero en Marjory Stoneman Douglas High School de Parkland ella y Jack Sawyer estaban chateando en línea. El 11 de febrero, Sawyer le mencionó a McDevitt: "Hace solo unos días, todavía estaba planeando disparar a mi antigua escuela secundaria". Al principio, ella estaba incrédula. Finalmente se dio cuenta de la gravedad de la declaración, y su sentido de conciencia se intensificó. Luego tomó medidas proactivas. Después de enterarse del incidente de Parkland, McDevitt le envió un mensaje a Sawyer al respecto. La respuesta de Sawyers fue la siguiente:

"Eso es fantástico ... lo apoyo 100%".

Mensajes de texto presuntamente enviados por Jack Sawyer a Angela McDevitt (CBS News, 2018)

McDevitt se sorprendió y respondió: "No se puedes decir eso ... hay gente muerta". Ese fue el momento en que decidió comunicar la información a las autoridades locales. Lo hizo a la mañana siguiente, el 15 de febrero de 2018. Al mediodía de ese día, Sawyer fue arrestado. No pudo seguir adelante con su complot.

Aquí hay un tercer ejemplo: el 10 de agosto de 2019, un nativo de Winter Park, Florida, de 26 años, fue arrestado por hacer amenazas directas en línea en Facebook. El individuo escribió: "Quedan 3 días más de libertad condicional y luego recupero mi AR-15. No vayas a

Sus Opciones

Walmart la próxima semana". (WFTS Digital Staff, 2019) Esta persona, según los investigadores, tenía un historial de publicación de amenazas en línea, por lo que la policía tomó medidas rápidas para mitigar cualquier riesgo después de los tiroteos en El Paso, Texas y Dayton, Ohio que ocurrieron la semana anterior.

Antes de continuar, veamos un ejemplo más: el 8 de agosto de 2019, "un nativo de Springfield, Missouri, de 20 años, fue arrestado por usar armadura corporal y llevar un rifle cargado, y más de 100 rondas de municiones - en una tienda Walmart". (Bill Chappel, 2019) Este incidente fue justo después de los incidentes de El Paso y Dayton y obviamente causó grandes estragos entre los ciudadanos de Springfield. Aunque Missouri es un estado de portación a la vista, la manera en que este joven de 20 años mostró su arma dentro de Walmart puedo haber violado la ley. Su actitud de confrontación va en contra de las leyes del estado de Missouri, ya que "prohíben a los propietarios de armas mostrar sus armas de una manera amenazante. Missouri protege el derecho de las personas de portar armas a la vista, pero eso no permite que una persona actúe de manera imprudente y criminal poniendo en peligro a otros ciudadanos". (Bill Chappel, 2019)

Parte Dos:

Perspectivas Sobre Opciones

"Esperamos que se supere todo peligro; pero concluir que ningún peligro puede surgir sería en sí mismo extremadamente peligroso".

Abraham Lincoln

7

Estrategias Clave

"La estrategia sin tácticas es la ruta más lenta hacia la victoria. Las tácticas sin estrategia son el ruido antes de la derrota".

Sun Tzu

Hemos repasado ejemplos de incidentes y las señales de advertencia que los precedieron, pero ahora es el momento de centrarnos en las amenazas mismas.

Puede llegar un momento en su vida en el que se encuentre en una crisis de vida o muerte, no muy diferente a las que mencionamos anteriormente. Estas situaciones te pondrán a prueba. ¿Dejarás que el miedo y la conmoción te superen, o profundizarás y permitirás que ese miedo trabaje a tu favor para que pueda aumentar tu resolución, resistencia, determinación y valor?

La verdad es que no lo sabrás hasta que suceda. Pero al implementar técnicas de gestión de riesgos, puede ayudar a aumentar las probabilidades de supervivencia tanto para usted como para

Pensamiento Proactivo en un Mundo Incierto

quienes lo rodean. La supervivencia es primordial. Especialmente cuando confrontado o atrapado en el medio de una situación inesperada de vida o muerte que involucra a un tirador activo que intenta hacer una gran matanza.

Durante el momento, puede encontrarse entre las muchas personas que pueden tener que tomar sus propias decisiones individuales para sobrevivir, o puede decidir ayudar a otros. De cualquier manera, tener un plan mental para sobrevivir debe ser su prioridad estratégica antes de ingresar a cualquier instalación.

En un estado proactivo, está anticipando el futuro y está reaccionando al medio ambiente en consecuencia. Como estrategia y como táctica, la innovación también juega un papel fundamental para adelantarse a situaciones inesperadas. Por ejemplo, reflexione sobre un momento de su vida en el que tuvo que ser creativo y tuvo que innovar para salir de una situación que no amenaza la vida. Es posible que haya tenido que pensar rápido y girar rápidamente para sobrevivir a ese momento en particular.

En el Cuerpo de Marines de los Estados Unidos, la adaptación y la superación a través de la innovación están fundamentalmente arraigadas en nosotros para que tengamos la capacidad de sobrevivir a través de situaciones inesperadas y entornos difíciles. No reaccionar o reaccionar demasiado tarde puede ponerlo en una gran desventaja. No hacer nada nunca es una estrategia que uno debe seguir.

Sus Opciones

Como humanos, tenemos prejuicios, tanto como odiaríamos admitirlo. Pueden ser innatos o podrían haberse aprendido con el tiempo, pero siempre nos hacen inclinarnos a favor o en contra de algo en particular: como los elementos que nos rodean que pueden indicar una amenaza. Enséñese a ser honesto acerca de su realidad y no cierre su mente ante posibles escenarios, por más desagradables que parezcan. Reclamar constantemente "que eso no sucederá en esta ciudad/negocio/escuela/lugar de culto" es peligroso. Necesitamos apagar esa mentalidad de negación y estar preparados en todo momento.

Es común que las personas que se enfrentan a una amenaza nieguen primero el posible peligro en lugar de responder. Después de todo, es solo la naturaleza humana tratar de comprender lo que sucede a nuestro alrededor antes de tomar cualquier medida. Después de todo, ¿no preferiría la sensación de seguridad sobre la sensación de temor? Por supuesto que sí. Pero negar el peligro, incluso en esos primeros segundos, puede prolongar sus posibilidades de sobrevivir a un incidente. Al estar en negación, su número de opciones disminuye con cada segundo que pasa.

En 2005, el Instituto Nacional de Estándares y Tecnología realizó un estudio sobre el colapso de las torres del World Trade Center el 11 de septiembre de 2001. Su estudio mostró que las personas que estaban más cerca de los pisos afectados esperaron más tiempo para comenzar a evacuar que aquellas que se encontraban en los pisos no afectados. (Averill, 2005)

El informe encontró que "aunque fue un evento significativo, no todos los ocupantes sintieron que sus vidas estaban en peligro inicialmente. De los sobrevivientes en el World Trade Center 1 (WTC 1), el 41% sintió que su vida estaba en riesgo, y el 48% sintió que la vida de los demás estaba en riesgo, a primera vista. Solo el 4% de los sobrevivientes informaron haber sido heridos por el ataque inicialmente, mientras que solo el 6% informó que otros resultaron heridos". (Ibídem)

Las personas a menudo niegan y niegan hasta que puedan validar que algo está mal. Una vez que reciben la confirmación, se sienten cómodos para actuar implementando una estrategia y táctica. Durante el ataque al World Trade Center, el 70% de los sobrevivientes que participaron en las entrevistas informaron que hablaron con otros antes de evacuar, el 46% recolectó artículos personales y el 30% ayudó a otros. (Ibídem)

Un sobreviviente que estaba alrededor del piso 90 de una de las torres más tarde dijo a los medios: "Escuché un sonido que sonó como si una lata gigante de aluminio fuera aplastada y sentí la inclinación del edificio. Intenté llamar a la oficina central de mi empresa, pero la línea para llamadas de larga distancia no estaba en servicio. Llamé a casa para probar los teléfonos y hacerle saber a mi familia que estaba bien. Revisé para ver si nuestro servidor todavía estaba activo. Vi a un hombre sangrando. Conseguí un botiquín de primeros auxilios y logré detener el sangrado del hombre. Vimos escombros y humo y decidimos que era hora de salir. Cogí mi maletín, un extintor de incendios y cuatro refrescos dietéticos, salí al pasillo y me dirigí hacia la escalera C". (Ibídem)

Del mismo modo, durante el tiroteo de Instituto Politécnico de Virginia y Universidad Estatal (Virginia Tech) del 16 de abril de 2007, las personas en el campus respondieron al tiroteo con diversos grados de urgencia. Muchos de ellos tuvieron una respuesta tardía o exhibieron los signos clásicos de negación. La Universidad envió una notificación, pero muchos no estaban al tanto o simplemente decidieron ignorarlo. Una estudiante dijo que, "caminó hacia su clase, preocupada con un examen que se aproximaba y escuchando música en su iPod. En el camino, dijo, escuchó algunos ruidos fuertes, y solo más tarde concluyó que habían sido disparos de la segunda ronda de tiros". (O'connor, 2007) También se documentó que "muchos estudiantes estaban caminando por el campus con poca o ninguna sensación de alarma" (Ibídem) y aunque estalló el sonido de los disparos, estaban convencidos de que estaban escuchando fuegos artificiales.

¿Cuál es la mejor estrategia para garantizar que las personas respondan durante estos momentos iniciales y críticos? Depende. Pero yo diría que es entrenar y aprender a manejar el estrés en circunstancias extremas. Durante los cursos de desarrollo profesional que enseño, les

Pensamiento Proactivo en un Mundo Incierto

pregunto a mis clientes con qué frecuencia se llevan a cabo sus capacitaciones de respuesta a emergencias y qué tan receptivos son sus empleados hacia la capacitación. ¿Se realizan simulacros de emergencia regularmente? Si es así, ¿alguien está documentando lo que ocurrió con las lecciones aprendidas? Tómese un momento para responder esas preguntas por sí mismo. Pero lo que es más importante, pregúntese si considera que los ejercicios de entrenamiento son solo otra tarea de trabajo que debe marcarse en la lista de verificación ocasional, o si los ve como facetas cruciales de la seguridad. Porque si lo ves como una tarea más, entonces lo más probable es que no te lo estés tomando lo suficientemente en serio.

Hay beneficios heredados por capacitar al personal en materia de seguridad y protección. (Consulte la Figura 7.1 para obtener más beneficios sobre la seguridad y el desarrollo profesional de la seguridad). Para empezar, cualquier ubicación está en riesgo de una amenaza de tirador activo, como discutimos anteriormente. Por lo tanto, capacitar a su personal en materia de seguridad introducirá el elemento de riesgo y proporcionará una "muestra" de cómo manejar la incertidumbre. También mostrará que usted pone su seguridad primero.

Para ayudar contra posibles demandas y reclamos de compensación, los departamentos de recursos humanos deberían considerar la realización de sesiones regulares de capacitación en seguridad. Descuidar tal desarrollo profesional puede sumar un alto costo en el futuro, uno que sería mucho más alto de lo que sería invertir en capacitar a su personal con las habilidades adecuadas para mantenerse libre de lesiones y seguros. Los líderes deben capacitar a su personal con frecuencia y en un entorno de bajo estrés, ya que estos son los únicos momentos en los que puede permitirse fallar. Su equipo practicará juntos y aprenderá a trabajar de manera coherente.

FIGURA 7.1: Beneficios del desarrollo profesional de seguridad y protección

	Beneficios de la seguridad y el desarrollo profesional de la seguridad
	Considere equilibrar las operaciones comerciales con la seguridad.
1	Introduzca el elemento de los procedimientos de respuesta a riesgos y emergencias a su negocio.
2	Muestra que realmente se preocupa por su seguridad y aumentará la productividad del personal. El personal aprenderá cómo reaccionar ante cambios inesperados en la situación ambiental.
3	Cumplir con las leyes federales y estatales.
4	Mitigar contra el potencial de una demanda o reclamos de compensación.
5	Cobertura contra costos indirectos y aumente la imagen de su marca.
6	Desarrolle la cohesión del equipo y aprenda de los errores en un entorno de bajo estrés.
7	Construir memoria muscular a través de la repetición.
8	Construya un modelo mental sobre cómo responder y pivotar dependiendo de la situación.

Su imagen de marca también mejorará a través del proceso. De lo contrario, todo podría sumar un costo indirecto que no puede pagar. Es difícil tomar medidas correctivas y corregir el error mediante una estrategia de relaciones públicas.

El personal aprenderá de estos errores y desarrollará la memoria muscular respectiva necesaria para reaccionar en consecuencia. Mientras más entrenas, más fácil será evitar la negación para actuar de inmediato. El personal capacitado siempre reaccionará con una perspectiva más amplia de lo que se espera en comparación con el personal que puede no tener capacitación.

Para ilustrar más este punto, consideremos algunos ejemplos más de cómo varios sobrevivientes del World Trade Center reaccionaron al darse cuenta de que sus vidas estaban en peligro:

Un ocupante de un piso en los 60s en el WTC 1 les dijo a los medios de comunicación: "Parecía que el edificio se iba a caer. Agarré mi bolso para salir del piso de la oficina. No estaba esperando que nadie me dijera qué hacer". Otro ocupante de un piso en los 20s del WTC 1 declaró: "Esperé a que el edificio dejara de moverse. Comencé a correr directamente hacia la salida más cercana de mi oficina hacia la Escalera B. Era la salida más cercana de mi oficina y los compañeros de trabajo simplemente decían que vayamos por este camino". (Averill, 2005)

¿Qué Hacer?

Los peligros adversos y causados por el hombre son una amenaza muy real. No cumplen con un horario determinado. Su ventana de oportunidad puede estar abierta en cualquier momento, de día o de noche, por lo que es importante que tomemos las medidas adecuadas para mantener esa ventana cerrada. Pero ¿qué puede hacer si la ventana no está cerrada y nota un problema potencial? La Figura 7.2 proporciona algunos pasos de resolución de problemas a considerar antes de que ocurra un incidente.

FIGURA 7.2: Pasos en el proceso de resolución de problemas

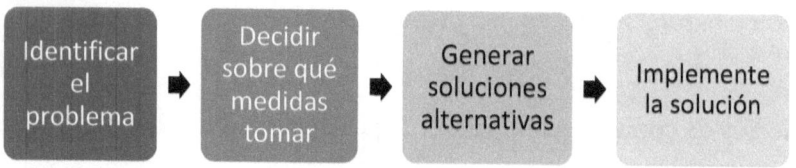

Paso 1: Identificar el Problema

Identificar el problema es siempre el primer desafío que deberá superar. Después de todo, no está fuera de la casa porque está buscando específicamente a un individuo que podría ser un tirador activo. Usted está fuera por cualquier razón, desde hacer las compras hasta renovar su licencia o almorzar con un amigo, o cualquier otra actividad que parezca nada fuera de lo común. Pero nunca lo olvide,

Pensamiento Proactivo en un Mundo Incierto

debe permanecer alerta en todo momento y tomar nota. Observe su entorno para asegurarse de mantenerse un paso por delante para mantenerse proactivo.

Una vez más, no pase por alto la totalidad de las circunstancias. Con práctica, podrá identificar irregularidades y concluir si su vida está en peligro o no.

Considere el siguiente ejemplo: mientras compra en una gran tienda minorista, escucha el ruido de fondo normal de las personas que charlan (clientes, vendedores y personal) y la suave música de fondo que suena en los altavoces de la tienda. En una fracción de segundo, la mayoría de las personas comienzan a correr en todas las direcciones. Algunos se mueven más allá de ti. Muchos de ellos gritan y no puedes entender lo que dicen. En muchos sentidos, esta es una situación muy incierta. Pero si hay algo que es seguro, es que hay un problema aquí, y debe tomar alguna forma de acción de inmediato.

Paso 2: Decidir Sobre qué Medidas Tomar

Ahora que ha identificado que hay un problema, deberá decidir qué medidas tomar de inmediato. Esto será difícil, teniendo en cuenta que su respuesta fisiológica a la situación será de estrés extremo. Pero pensar con cierto nivel de claridad y coherencia es esencial en este punto.

Paso 3: Generar Soluciones Alternativas

Pensar en soluciones alternativas puede ser una táctica importante para implementar. Sin embargo, hay un equilibrio al que debe adherirse. El tiempo es esencial y es posible que tenga poco tiempo para armar un Plan B en el calor del momento. Pero la lluvia de ideas sobre ideas alternativas para sobrevivir puede ser útil si piensa de manera proactiva y con una mentalidad algo clara.

Paso 4: Implemente la Solución

Una vez que haya decidido las medidas a tomar y una posible opción alternativa, debe comprometerse con esa acción. No intente reunir comentarios sobre su decisión. No busque consenso ni aceptación. Tu supervivencia es de suma importancia.

8

Fuerza en las Opciones

"En medio del caos se encuentra la oportunidad".

Bruce Lee

He dicho esto antes, pero vale la pena repetirlo. Tener escenarios potenciales en su cabeza y pensar en las opciones de respuesta ayudará a seleccionar el mejor curso de acción. Es un ejercicio mental que fortalecerá en gran medida las probabilidades de su supervivencia en caso de que ocurra una situación.

En este punto, es posible que haya oído hablar de "correr, esconderse o luchar" u otras variaciones. Estas son opciones fundamentales sólidas sobre las que puede construir un plan más efectivo. Solo tenga en cuenta que no importa cuáles sean los detalles específicos del plan, existe una forma correcta de correr y una forma efectiva de esconderse. Y siempre recuerde que luchar contra un tirador activo es una opción de alto riesgo que solo debe usarse como último recurso. Pero con una mente clara y un fuerte sentido de la

Sus Opciones

intuición, debe comenzar a saber "automáticamente" qué opción será la mejor.

FIGURA 8.1: Matriz de Gestión de Tiradores Activos

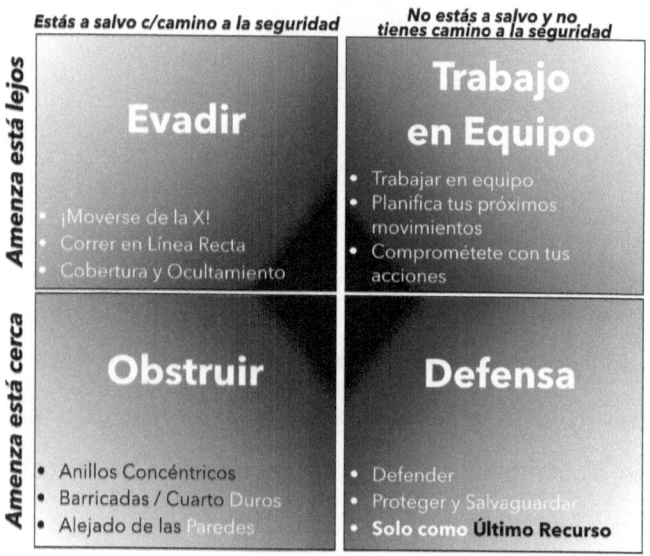

Por ejemplo, a veces es posible que no pueda correr porque el espacio entre usted y el perpetrador es demasiado limitado. Al correr hacia el individuo, te estás colocando en la línea de fuego directa y puedes terminar recibiendo un disparo. Correr fuera de su campo de fuego es mucho más seguro, pero si no sabe dónde está realmente el individuo, eso ofrecerá un conjunto completamente nuevo de riesgos. Alternativamente, esconderse puede no ser la mejor opción tampoco, o puede que no esté disponible en ese momento. Si elige esconderse, puede arrinconarse en una situación sin una salida o ruta alternativa. Y luego está la lucha, el plan alternativo más riesgoso de todos. Recuerde siempre que una bala es más rápida que su puño antes de decidir hacer algo extremo.

Estas opciones alternativas deben agudizarse mediante entrenamiento previo. Cuanto más consciente sea de sus detalles, mejor preparado estará si se desarrolla una situación.

En la Figura 8.1, verá cuatro sugerencias alternativas que uno puede considerar implementar para responder a un incidente de tirador activo.

Evadir

En el momento en que nota que se desarrolla una situación de vida o muerte a su alrededor, debe pensar con claridad y concentrarse en el objetivo más importante: su seguridad personal. Como se mencionó anteriormente, deberá decidir un curso de acción para evitar el problema, a pesar de que el estrés será un obstáculo aparentemente insuperable. Una mejor práctica es planificar una ruta de escape tan pronto como ingrese a cualquier ubicación.

Me gusta dividir "escapar" en tres subcategorías, que son evadir, eludir y esquivar. Al evadir, estamos evitando el peligro a toda costa posible. Al eludir, estás escapando hábilmente del peligro a través de una serie de pasos. Al esquivar la amenaza, evitas con movimientos rápidos y repentinos en lugar de correr sin rumbo hacia los disparos o hacia un lugar inseguro.

Tenga en cuenta que, si ve un tirador o escucha disparos cerca de usted, su mejor curso de acción es correr en la dirección opuesta al sonido de los disparos.

¡Moverse de la X!

Las situaciones peligrosas producen reacciones anormales entre las personas. Si se encuentra cerca de un incidente de tirador activo, puede experimentar miedo y confusión, obviamente. Puede sentirse sobresaltado o ansioso. Pero una vez que reconoce que su vida está en peligro, debe actuar. El primer paso para tomar medidas es retirarse de la ubicación en la que se encuentra. Esto se llama "Moverse de la X". La X es el lugar donde estás parado o sentado en ese momento en particular. Es un lugar increíblemente peligroso para estar. En el segundo que reconoces la amenaza, debes huir del peligro sin dudarlo y no permanecer estancado. No gaste un segundo tratando de dar sentido a lo que está escuchando o viendo. Simplemente reaccione y permítase entrar en modo de supervivencia.

Pensamiento Proactivo en un Mundo Incierto

Correr en Línea Recta

Al correr, muévase lo más rápido posible en línea recta. Si está en línea directa de la vista del tirador, corra derecho, pero muévase lateralmente. Corre fuera del "campo de fuego" de los tiradores o 10AM - 2PM (ver Figura 8.2). Este es el rango del lugar donde puede tener lugar el disparo.

FIGURA 8.2: 10AM - 2PM Campo de Fuego

Imagen de un reloj que muestra 10 y 2, un campo de fuego.
© Foto por Luis A. Ramirez

La distancia más corta entre dos puntos es una línea recta. El zigzag ha sido visto como la mejor táctica aquí, pero estoy aquí para decirte que solo aumentará el tiempo que te toma llegar a un lugar seguro. Y cuando surge una amenaza, el tiempo no está de tu lado.

Ponerse a Cubierto

Identificar la cobertura es de vital importancia en el inicio inmediato de un acto hostil si no puede escapar de inmediato. La cubierta puede ser cualquier estructura que encuentre que pueda protegerlo de lesiones. Una estructura o elemento que es sólido en lugar de hueco proporciona la mayor protección. Dependiendo de los recursos a su alrededor, trate de identificar elementos como un poste de teléfono, una pared de concreto, una mesa gruesa o el bloque del motor de un automóvil.

FIGURA 8.3: Matriz de Cobertura y Ocultamiento

Ejemplos de cobertura (Estructuras sólidas)	Ejemplos de ocultamiento (Hueco)
Una Mesa Gruesa o una Mesa de Billar	Cubículos, mesa delgada, etcétera.
Una Puerta Sustancial	Puertas de Madera o Vallas
Muros de Hormigón, Metal o Hierro	Paredes de Placas de Yeso
Bloque de motor de un automóvil, Barreras de Jersey	Puertas de Vehículos
Siempre recuerde, si tiene la oportunidad de evacuar a un lugar más seguro, hágalo.	

Tenga en cuenta que existe una diferencia entre "cubrir" y "ocultar". La ocultación es cualquier cosa que lo oculte visualmente pero que no pueda detener una bala u otros peligros. Una vez más, la conciencia situacional es de vital importancia en todo momento. Al ingresar a una ubicación, comience a escanear la habitación en busca de elementos de cobertura y ocultación. (vea la Figura 8.3) A medida que evalúa el entorno que lo rodea, identifique elementos que pueden ser huecos, como cubículos, una mesa delgada, puertas de madera. Estos son elementos que una bala puede penetrar y presentar un riesgo y vulnerabilidad.

Cúbrete lo más rápido que puedas y mantén tu posición. Primero, identifique la dirección del tiroteo. Si elige moverse, no lo haga cuando escuche el sonido de los disparos. En cambio, muévase durante la pausa entre disparos.

Cúbrase detrás de un objeto sustancial. Si nota impactos de las balas, considere saltar desde la cubierta y muévase nuevamente durante una pausa de disparos.

Si está afuera o cerca de vehículos, asegúrese de protegerse detrás de un objeto sustancial como el bloque del motor de un vehículo o una barrera de jersey.

Considere hacer lo siguiente:

- Deje sus pertenencias personales. Tu preocupación es sobrevivir.

Sus Opciones

- Comprométete con tus acciones.
- Ayude a otros a escapar, pero no intente mover a los heridos.
- Evitar que otros entren en un edificio con un tirador activo.
- Mantenga sus manos visibles para que las vean las autoridades.
- Siga las instrucciones de las autoridades.
- Llame al 911 cuando sea posible.

Obstruir

Otra táctica y estrategia que puede tomar es obstruir el camino de un tirador activo, si tiene tiempo para hacerlo. Identifique las cosas cerca de usted que lo ayudarán a lograr este objetivo. Al obstruir, deliberadamente le dificulta al tirador avanzar y, por lo tanto, lo distrae de su línea de pensamiento. Recuerde, estas personas están en movimiento y tienen un plan. Al obstacularizarlo de alguna manera, los sacará de su planes.

Si planea obstruir, pero el tirador está demasiado cerca y no es posible la evacuación, busque un área segura para esconderse y entre en una mentalidad de bloqueo. Si es posible, esconderse cerca de una ruta de escape. Muévase dentro de una habitación u oficina y póngale seguro. Intente elegir un lugar donde las paredes sean más gruesas y tengan menos ventanas. Empuje objetos pesados como muebles u objetos pesados para bloquear las puertas. Encuentra más cobertura dentro de la habitación. Intente crear barreras adicionales dentro de la habitación con todos los muebles o cosas a su disposición. (Ver Figura 8.4) Piensa en una fortaleza. Piensa en un escudo. Use todo lo que tenga a su disposición y cree capas adicionales para obstruir efectivamente el camino en caso de que el tirador intente penetrar la puerta.

FIGURA 8.4: Ejemplo de un anillo concéntrico de seguridad # 2

Imagen de un aula con escritorios apilados en forma de anillo concéntrico y un pesado escritorio empujado en una puerta.
© Foto por Luis A. Ramirez

Barricadas

La utilización adecuada de las barricadas puede servir como la diferencia entre la vida y la muerte en una crisis de tiradores activos. La barricada más obvia es una puerta pesada y fuerte que ha sido cerrada con seguridad. Teniendo en cuenta los entornos interiores estándar que suelen albergar este tipo de incidentes peligrosos, lo más probable es que no tenga problemas para encontrar una puerta que el tirador probablemente no pueda abrir.

Esto no quiere decir que sus puertas típicas no puedan brindarle protección. Sí, es posible que las puertas estándar que puedes encontrar adentro de las casas o edificios más antiguos no sean tan fuertes como las puertas que mencionamos anteriormente. Sus cerraduras pueden ser mucho menos complejas y pueden no soportar una gran cantidad de fuerza. Pero debes entender que los tiradores activos están en movimiento y en alerta máxima. Intentar desbloquear o incluso romper una puerta por la fuerza es poco probable, ya que el perpetrador no tiene la intención de comprometer su impulso.

No importa qué tipo de puerta haya cerrado, debe reforzar la barrera siempre que sea posible. En el caso de la mayoría de los edificios corporativos o instalaciones educativas, hay una serie de elementos que se pueden utilizar para impedir el peligro a usted mismo y a quienes lo rodean.

Cuartos Duros

Un "Cuarto Duro" es cualquier tipo de cuarto que pueda ofrecerle protección a usted y a otros durante una crisis inesperada. Piense en ello como una habitación segura o una habitación de pánico en la que puede entrar rápidamente y hacer barricadas. Las habitaciones duras pueden, a veces, ser estructuras fortificadas o endurecidas que brindan protección para salvar vidas. Se pueden diseñar sustancialmente más pesados y gruesos que su tipo de puerta estándar para resistir la entrada forzada y el impacto.

Una habitación como esta es un lugar excelente para evitar el camino de un tirador. Como se mencionó anteriormente en este libro, el perpetrador estará en movimiento. En cierto nivel, saben que el tiempo no está de su lado y que la policía probablemente ha sido alertada. Intentar derribar una puerta, y mucho menos la puerta de una habitación dura puede no ser lo mejor para ellos. Solo los impediría.

Para mitigar la amenaza, realice una evaluación para determinar las posibles ubicaciones de la sala dura dentro y fuera de sus instalaciones. Tendrá que equilibrar sus recursos con la necesidad de establecer el cuarto duro, si no tiene uno. Sus posibilidades de supervivencia pueden aumentar al mejorar sus opciones para alejarse a sí mismo y a otros del peligro al esconderse, haciendo una barrera y encerrarse en la habitación. A través de la evaluación, debe determinar

Sus Opciones

qué funciona mejor para su situación respectiva. Considere hacerse las siguientes preguntas:

- ¿Cuál es el riesgo de un tirador activo (u otros peligros) para mis activos?
- ¿Qué opciones de refugio existen si tengo un tirador activo (u otros peligros) en mi ubicación?
- ¿Qué tan factible es dedicar un área o habitación como una habitación dura y cuáles son los costos potenciales?

Pero ¿qué sucede si está visitando una instalación (entornos educativos o comerciales) y está atrapado en el fuego cruzado de un tirador activo, y escape no es una de las opciones disponible? Es posible que no conozca la ubicación de las zonas seguras o salas duras de la instalación. Pero para mitigar su riesgo de exposición, considere identificar la ubicación de los baños públicos al ingresar a las instalaciones. El baño puede proporcionar una base sólida para su seguridad. Algunas de estas puertas pueden ser mucho más difíciles de penetrar y pueden estar equipadas con un cerrojo fuerte.

Pero primero confirme que tiene una puerta sustancial con la capacidad de cerrarse con seguridad. También verifique si tiene múltiples entradas y salidas. Confirme en qué dirección se abre la puerta. ¿Se abre hacía fuera o hacía adentro del baño? Si hay objetos con los que puede bloquear la puerta, use esos recursos para su ventaja.

Por último, confirme si hay ventanas dentro del baño o no. Pueden ser utilizados como una escotilla de escape si el peligro se acerca a usted. Use esta lógica y enfoque con otras habitaciones.

Anillos Concéntricos

El espacio entre un tirador activo y su objetivo final rara vez es una línea recta que esté completamente libre de obstrucciones. Por lo general, hay varias capas en el camino del tirador. Cada capa representa una oportunidad para que el tirador se mantenga a raya hasta que se resuelva la situación, ya sea por rendición, arresto o la muerte del tirador. Pero si el tirador puede pasar libremente a través de estos anillos o capas, se moverá de un anillo concéntrico de seguridad al siguiente, cada uno de ellos disminuirá su diámetro, hasta que usted y los que lo rodean estén dentro del mismo espacio que el tirador. Estos anillos o capas pueden venir en muchas variaciones, pero la seguridad entre cada anillo debería ser más intensa a medida que la amenaza se acerca.

Un ejemplo es el que se muestra en la Figura 8.5 mientras que la Figura 8.6 representa los anillos concéntricos de seguridad. Puedes ver que cuanto más lejos estés del perpetrador, más seguro deberías estar.

Sus Opciones

FIGURA 8.5: Anillos Concéntricos de Seguridad

Anillo #	Nombre de Anillo	De Fuera Hacia Dentro	Dentro de la instalación
Anillo 1	Perímetro	Estacionamiento	Cerrar y Asegurar la Puerta
Anillo 2	Exterior	Perímetro del Edificio	Barricada con Objetos Pesados
Anillo 3	Interior	Dentro del Edificio	Crear capas con obstáculos
Anillo 4	Área Restringida	Su Puerta	Escudo o fortaleza
Anillo 5	Activo	Usted	Usted

Considere usar todos los recursos a su disposición para fortalecer los anillos concéntricos dentro de la habitación que está bloqueando físicamente. ¿Cómo haces esto? La Figura 8.7 ilustra un ejemplo de una escuela que utiliza sus escritorios para crear un anillo adicional, proporcionando efectivamente un escudo. Si es posible, cree escudos adicionales detrás de cada capa para proporcionar una exposición mínima y mantener a raya la amenaza.

Extender y Permanecer Bajo

Cuando obstruya, considere extenderse y mantenerse bajo. Al sentarte, expondrías tu torso al tirador y sus balas. Al pararte también te estás exponiendo por completo. Póngase al suelo en posición prona para una exposición mínima detrás de los anillos concéntricos que ha creado de antemano.

FIGURA 8.6 Anillos Concéntricos de Seguridad

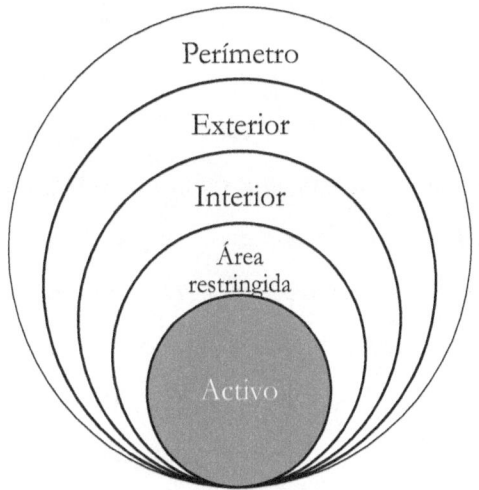

FIGURA 8.7: Ejemplo de un Anillo Concéntrico de Seguridad # 3

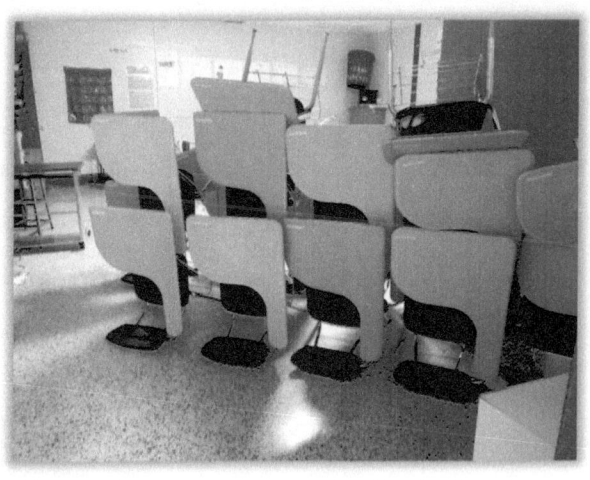

Imagen de un aula con escritorios apilados en una formación de anillo concéntrico.
© Foto por Luis A. Ramirez

Manténgase Alejado de las Paredes

No se apoye ni se pare contra ninguna pared. Manténgase aproximadamente a seis pulgadas de las paredes durante un incidente de tirador activo. ¿Por qué? Si una bala penetra donde se encuentra, existe la posibilidad de que la bala pueda impactar una pared. Desde ese punto, la bala puede atravesar o viajar a lo largo de la pared. Si está sentado o parado cerca de la pared, corre el riesgo de ser impactado. Si observa cómo los equipos SWAT o los equipos militares altamente entrenados entran tácticamente en un edificio, nunca se apoyan de o se acercan a la pared. Permanecen conscientes de su entorno y se mantienen alejados de la pared. Toman precauciones especiales para no ser impactados por ninguna bala perdida.

Embudo Fatal

Nunca se cubra dentro del "embudo fatal" que se encuentra directamente en frente de una puerta (ver Figura 8.8). Un embudo fatal es uno de los lugares más peligrosos a los que una persona puede estar expuesta durante estos incidentes. Este es un concepto táctico que toma en cuenta el camino que conduce desde la entrada de una puerta, donde un perpetrador puede tener ventaja apuntando su arma en el ángulo de 10 a 2. El camino de la boca de su arma y bala(s) proporcionará el ángulo de un embudo fatal.

FIGURA 8.8: Embudo Fatal

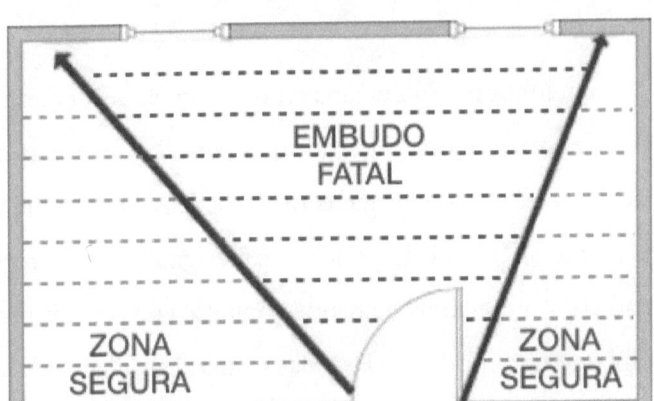

Observe el gráfico que se muestra en la Figura 8.8. En la parte inferior, verá que la puerta se abre hacia adentro, proporcionando así una vista directa del interior de la habitación al tirador. Las líneas rojas a la izquierda y a la derecha representan el "campo de fuego" o los ángulos de 10AM a 2PM y el punto de vista que un tirador tendrá para apuntar a su objetivo(s). El área en verde es potencialmente la zona segura en este escenario. Tenga como objetivo establecer los anillos concéntricos de seguridad en la zona segura, pero también tenga un plan de respaldo en caso de que necesite pivotar desde su estrategia inicial. Establezca un sistema robusto de capas dentro de la habitación si no tiene una zona segura dentro de la habitación. No hacer nada no es una opción.

Consideremos algunos ejemplos hipotéticos.

Sus Opciones

Escenario Hipotético # 1

Es un lunes por la mañana en una escuela secundaria local. La seguridad del campus está haciendo sus patrullas de rutina alrededor del estacionamiento y las entradas de la escuela. Dentro del vestíbulo delantero, hay un oficial de policía local asignado para proporcionar seguridad escolar adicional. Hay dos conjuntos de pasillos más allá del vestíbulo, uno que conduce a las aulas y otro al anfiteatro de la escuela. Dentro del anfiteatro, la mayoría de los estudiantes y maestros de la escuela están reunidos para una asamblea escolar. Otros dos guardias de seguridad del campus están parados en la entrada principal del anfiteatro.

Un tirador estaciona su auto y saca un AR-15 de la cajuela. Es estudiante de la escuela y está familiarizado con su diseño. También está al tanto de la asamblea escolar que se está llevando a cabo actualmente.

Con esta información, identifiquemos los anillos.

- Anillo uno: estacionamiento
- Anillo dos: vestíbulo delantero
- Anillo tres: pasillo que conduce al anfiteatro.
- Anillo cuatro: anfiteatro

Cada uno de estos anillos presenta una oportunidad para poner fin a la situación.

A medida que el tirador avanza por el estacionamiento, los guardias de seguridad pueden identificar la amenaza y llamar por radio a los guardias y al oficial de policía dentro de la escuela. En este punto, la seguridad puede asegurar y bloquear electrónicamente la entrada principal, así como cualquier otra entrada cercana que el tirador pueda usar. Luego, el oficial puede llamar por radio a la policía y ayudar a asegurar los puntos de entrada a la escuela e intentar neutralizar al tirador antes de que tenga la oportunidad de avanzar a través del estacionamiento y entrar al edificio.

Sin embargo, si los guardias de seguridad no se encuentran en esa área del perímetro de la escuela en ese momento, o si el tirador los ha herido o tal vez incluso los ha matado, el tirador tiene una probabilidad mucho mayor de ingresar con éxito al edificio.

Una vez que el tirador está dentro del vestíbulo, el oficial de policía puede identificar la amenaza e intentar detenerlo a la fuerza. Si el tirador puede devolver el fuego, el oficial puede intentar neutralizar la amenaza, ponerse a cubierto y/o pedir respaldo. En este punto, la situación puede resolverse con el oficial hiriendo o matando al tirador, o incluso abrumándolo hasta el punto de suicidio o rendición. El tiroteo también puede mantener a raya al tirador hasta que llegue el respaldo y se enfrente al tirador desde su punto ciego.

Sus Opciones

En el caso de que el tirador de alguna manera sea capaz de superar al oficial, o si el oficial no está donde se supone que debe estar, el tirador ahora tiene un camino despejado hacia el pasillo que conduce al anfiteatro.

El tirador ahora está en el pasillo y se dirige a la entrada del anfiteatro. Para los guardias de seguridad, la única forma práctica de evitar que el tirador avance más allá de este punto es asegurar la entrada del anfiteatro desde adentro cerrando y/o bloqueando las puertas. Esto debería impedir al tirador el tiempo suficiente para que llegue la policía.

Si los guardias de seguridad no logran hacer esto, el tirador ahora tiene la oportunidad de entrar en el anillo más interno. El número potencial de víctimas está ahora en su punto más alto. La supervivencia de los individuos dentro del anfiteatro ahora depende de su capacidad de escapar, obstruir y bloquear con anillos concéntricos de seguridad dentro de otras habitaciones o en el anfiteatro, o dominar físicamente al tirador (si esta es su única opción).

Escenario Hipotético # 2

Son las 2:50 p.m. un miércoles y la reunión de marketing de rutina está terminando en la sede central de la compañía. La reunión se lleva a cabo en la sala de conferencias transparente del segundo piso, a la que el personal se refiere como "La Pecera". Desde la sala, los asistentes pueden ver directamente la entrada principal. La reunión aún no ha comenzado y 25 personas están ansiosas por seguir adelante con su día.

Mientras tanto, el vestíbulo de la entrada principal está repleto de un grupo de 10 visitantes que vienen de fuera de la ciudad. El guardia de seguridad, Pat, es sorprendido con la afluencia de personas. Pat inmediatamente trata de manejar la situación contabilizando a cada individuo antes de que llegue el patrocinador invitado. Se espera que el patrocinador acompañe al grupo a La Pecera para las 3:30 p.m. reunión.

Mientras los visitantes y Pat esperan al patrocinador, se ha desarrollado un embotellamiento y los miembros regulares del personal no pueden ingresar al edificio de manera tan eficiente como de costumbre. Este embotellamiento ha dejado la puerta principal completamente abierta mientras los visitantes impiden la entrada y continúan sus respectivas conversaciones. Los empleados regulares no pueden acceder fácilmente al escáner ubicado dentro del vestíbulo debido a la entrada atascada. El guardia abre remotamente la puerta interior para los empleados regulares sin validar completamente su identidad ni requiere que cada empleado pase sus credenciales.

Mientras tanto, una persona sospechosa ha estado sentada en su automóvil desde la hora pico del almuerzo observando y analizando el patrón de la entrada principal. Ahora son las 2:53 p.m. y esta fue su oportunidad de poner en marcha el plan. Camina hacia la cajuela de su

Sus Opciones

auto y se pone su chaleco táctico y su arma. Trota agresivamente hacia el punto más débil: la puerta de entrada. Apunta su arma hacia los individuos que sostienen la puerta exterior y luego hacia las personas cerca de la puerta de entrada. Corre las escaleras hacia La pecera.

El tirador no fue desafiado por ninguna de las personas o sistemas establecidos y continúa apuntando a sus objetivos dentro de la pecera. Ahora son las 2:58 p.m. Asume que la policía está en camino. Con esta información, identifiquemos los anillos y las mejores prácticas.

- Anillo Uno: Capa Externa (Perímetro, Terreno, Estacionamiento)
- Anillo Dos: Vestíbulo / Puerta exterior (Perímetro del Edificio)
- Anillo Tres: Capa Interior (La puerta de guardia)
- Anillo Cuatro: Capa Interior (Habitaciones, Áreas, Contenedores)

El tirador estuvo sentado en su automóvil durante una cantidad de tiempo considerable. Acechando. Observando. Cargando sus peines con balas. Ningún personal de seguridad itinerante desafió al individuo, ni la cabina de seguridad tenía la capacidad de ver las cámaras de circuito cerrado de televisión (CCTV) por actividad sospechosa. Si el guardia hubiera descubierto lo que estaba sucediendo en el estacionamiento, Pat podría haber tenido tiempo de reaccionar proactivamente.

Otra mejor práctica sería que los guardias de seguridad tengan conocimiento de los grandes grupos de visitantes y los detalles de su llegada. Esto habría permitido a Pat escoltar al grupo a un área de espera segura como método de control de multitudes. Sin embargo, la vulnerabilidad le permitió al perpetrador suficiente tiempo para romper la puerta del perímetro y obtener acceso a los activos principales de la empresa.

La decisión del guardia de desbloquear la puerta interior (a través del bypass de la puerta con cerradura electromagnética) sin identificar las insignias del personal también creó otra vulnerabilidad. Todo esto sucedió en el transcurso de aproximadamente 0:45 segundos. Era demasiado tarde para que alguien en La Pecera reaccionara en consecuencia y el número potencial de bajas ahora está en su punto más alto.

La supervivencia del personal en el primer y segundo piso depende de su decisión, habilidad y capacidad de moverse de su X y salir del edificio en la dirección opuesta al sonido de los disparos, crear habitaciones duras con barreras dentro del edificio, o defender físicamente si surge la necesidad.

Sus Opciones

Defender y Tomar Medidas

"Lo importante es esforzarse por alcanzar un objetivo que no sea inmediatamente visible. Ese objetivo no es asunto *de la mente, sino del espíritu.*"

Vuelo de Arras, Antoine de Saint-Exupéry

Defensa

Como se mencionó anteriormente, cada uno de los anillos concéntricos de seguridad están separados por barreras potenciales de un tipo u otro que pueden impedir o incluso poner fin al avance de una amenaza, como un tirador activo. Como hemos visto últimamente en negocios abiertos a los peatones, los tiradores activos han mostrado un patrón. Son capaces de alcanzar sus objetivos previstos sin mucha resistencia. Por ejemplo, el 3 de agosto de 2019, un perpetrador entró a un Walmart en El Paso, Texas, para realizar un reconocimiento de la cantidad de personas dentro de la tienda. Entonces él después se dirigió a su auto para ponerse su armadura y tomar sus armas. El perpetrador volvió a entrar al Walmart sin resistencia y continuó con su plan. Tenía la capacidad total de penetrar cada capa de seguridad y alcanzar el objetivo deseado. (Bill Hutchinson, 2019) y (O'Kane, 2019)

En cambio, el 9 de agosto de 2019 se produjo otro incidente en otro Walmart en Springfield, Missouri. El perpetrador estaba estacionado afuera del Walmart y tomó su armadura del baúl. Luego agarró casualmente un carrito de compras y entró en el Walmart con un rifle cargado y una pistola, pero un bombero fuera de servicio lo detuvo de inmediato. (The Associated Press, 2019)

Estos dos ejemplos ilustran escenarios en los que (1) es posible que no pueda evitar que una persona lleve a cabo sus planes previstos y (2) donde puede encontrarse en una posición para decidir y detener a una persona antes de que persigan con su plan. Si te encuentras cerca de un tirador activo y estás a un brazo de distancia del perpetrador, es posible que tengas que tomar una decisión. Pero esta elección debe ser como último recurso o como única opción. Tendrá que resistir inteligentemente un ataque protegiéndose a sí mismo y a los demás del peligro.

Solo ten en cuenta que siempre tienes opciones.

Ataque

Contraatacar siempre debe considerarse un último recurso, y debe ser su propia decisión. Este punto no puede enfatizarse lo suficiente.

Si ataca de manera impulsiva, irresponsable o sin un compromiso total con su decisión, en realidad puede empeorar la situación y disminuir las probabilidades de su supervivencia, así como la supervivencia de quienes lo rodean. Por lo tanto, es absolutamente crucial que pienses antes de actuar y, en última instancia, llevaras tus acciones a cabo. Lucha agresivamente y defiéndete.

Armas

Si tienes la oportunidad de agarrar un objeto cerca de ti que se puede lanzar y usar para defenderte o distraer al tirador, hazlo. Cuando imaginas un arma, lo más probable es que tu mente vaya a una pistola o cuchillo de algún tipo. En realidad, hay una serie de objetos cotidianos que pueden usarse para incapacitar a un perpetrador. Estos elementos pueden ser elementos pesados, elementos afilados o incluso líquidos calientes. Los artículos que puedes lanzar pueden ser efectivos y seguros. El objetivo aquí es distraer, deshabilitar y desorientar al perpetrador. Herirlos no es necesariamente una prioridad. Por ejemplo, si puede elegir un pisapapeles y tirarlo al perpetrador, acabas de interrumpir su proceso de pensamiento y desvió su atención. Ahora, si fuiste lo suficientemente preciso como para golpearlo directamente entre los ojos, considera eso una ventaja.

"Carne y Metal"

Antes de profundizar en el concepto de abordar físicamente a un tirador, quiero reiterar que la lucha siempre debe considerarse un

Pensamiento Proactivo en un Mundo Incierto

último recurso y debe ser su propia decisión. Pero si debe enfrentarse a un tirador activo, no se debe utilizar el enfoque "de frente". Obviamente, acercarse al perpetrador desde el frente lo pone en riesgo extremo de recibir un disparo, incluso si está armado. En cambio, trate de acercarse desde el costado o por detras. La clave es evitar el campo de visión y el campo de fuego del tirador.

Si puede acercarse al tirador desde el costado o la parte trasera, el siguiente paso es tomar el control. Una táctica efectiva es lo que se llama "carne y metal", siendo la carne el antebrazo o la mano del perpetrador y el metal el cañón del arma. El objetivo aquí no es desarmar al perpetrador. Es muy posible que reaccionen salvajemente y disparen indiscriminadamente una vez que se sientan amenazados. Para reducir la probabilidad de que estos disparos salvajes impacten a cualquiera, debe agarrar el cañón del arma y empujar hacia arriba mientras asegura su agarre en el antebrazo.

Trabajar en Equipo

Como hemos visto en los ejemplos citados anteriormente en este libro, los tiradores actúan solos, estadísticamente. Por lo tanto, aquellos que se encuentran en un incidente tienen una ventaja que el tirador no tiene: la fuerza en los números.

Para aprovechar al máximo esta ventaja, el trabajo en equipo es clave. Usted y su grupo pueden planear su ataque. Sin embargo, es probable que el tiempo no esté de su lado, y discutir un plan mientras un tirador está en la habitación puede llamar la atención.

La clave para un ataque grupal es la misma que cuando uno intenta derribar a un tirador solo. Acérquese desde un lado o por detrás y comprométase plenamente con sus acciones. Todos en el grupo necesitan moverse rápido y duro, sin vacilar. El ataque grupal debe consistir en una ráfaga de golpes para dominar al tirador, así como la técnica de "carne y metal" a nivel grupal para evitar que otros estén en el extremo receptor del arma. Tenga en cuenta que el arma del perpetrador no debe tocarse si está tendida en el piso. No intentes recoger el arma. Creará un peligro para la seguridad y puede contaminar la escena del crimen.

Actitud Mental Positiva

En pocas palabras, un tirador activo es un terrorista. Están ahí para crear terror, miedo, ansiedad, confusión, etcétera. Si decide que es hora de actuar, comprométase con sus acciones con una actitud mental positiva. Puede haber un período de "niebla de guerra", donde su certeza y precisión no serán las mejores. Sin embargo, la velocidad y la agilidad pueden compensar esa pérdida. Adopta una mentalidad de luchador, al igual que Kendrick Castillo cuando luchó contra el agresor de manera agresiva y heroica el 7 de mayo de 2019 en la Escuela STEM Highlands Ranch en Colorado Colorado (Yan, 2019).

Lo mismo ocurre con Riley Howell, quien también luchó contra el agresor de manera agresiva y heroica en la Universidad de Carolina del Norte en Charlotte el 30 de abril de 2019. (Fieldstadt, 2019)

Manejo del Estrés

Encontrarse en medio de un incidente de tiro activo es, sin lugar a dudas, una de las situaciones más terribles y traumáticas que un ser humano puede experimentar.

Cada hombre, mujer y niño que se ve envuelto en este peligro experimentará un fuerte aumento en el estrés fisiológico y psicológico. Incluso los veteranos de combate experimentados enfrentan estas emociones intensas. El objetivo no es eliminar estos sentimientos por completo.

De hecho, eso sería casi imposible. No existe la eliminación del estrés, solo el manejo del estrés.

Respuesta Fisiológica

Comprender cómo reaccionará su cuerpo bajo presión extrema ayudará a controlar cualquier estrés que pueda experimentar. Hay ciertas formas en que su cuerpo reaccionará de acuerdo con el nivel de estrés que está experimentando.

Es normal sentir estrés. Estamos diseñados para sentirlo y conectados para administrar sus diferentes niveles. Cuando de repente nos vemos afectados por circunstancias anormales que nos estresan más allá de su control, su cuerpo entra en un modo de lucha o huida. Esta es la forma en que su cuerpo le dice que debe hacer algo al respecto para mantenerse a salvo.

Como con todas las reacciones, comprender cuáles son es el primer paso para gestionarlas. Según la Clínica Mayo, la sección de su cerebro conocida como hipotálamo activa un sistema de alarma en su cuerpo a través de una combinación de señales nerviosas y hormonales. Este sistema estimula sus glándulas suprarrenales, que se encuentran sobre sus riñones. Esto liberará una oleada de hormonas, principalmente adrenalina y cortisol. (Mayo Clinic Staff, 2019)

La adrenalina aumenta su ritmo cardíaco, eleva su presión arterial y aumenta su suministro de energía. El cortisol, por otro lado, la hormona principal del estrés aumenta los azúcares (glucosa) en el torrente sanguíneo, aumenta el uso de glucosa en el cerebro y aumenta la disponibilidad de sustancias que reparan los tejidos. (Ibídem)

El cortisol también limita las funciones que podrían ser perjudiciales en una situación de lucha o huida. Altera las respuestas del sistema inmunitario y suprime el sistema digestivo, el sistema reproductivo y los procesos de crecimiento. Este complejo sistema de alarma natural también se comunica con las regiones del cerebro que controlan el estado de ánimo, la motivación y el miedo. (Ibídem)

Pensamiento Proactivo en un Mundo Incierto

Su objetivo es controlar el estrés y cualquier barrera fisiológica que esté experimentando y mejorar la toma de decisiones de alto riesgo. No debemos permitir que las reacciones impulsivas de nuestro cerebro anulen por completo nuestros procesos de toma de decisiones.

Puede experimentar las siguientes respuestas fisiológicas durante niveles elevados de estrés, que he representado en el gráfico que se muestra en la Figura 8.9.

FIGURA 8.9: Efectos Fisiológicos

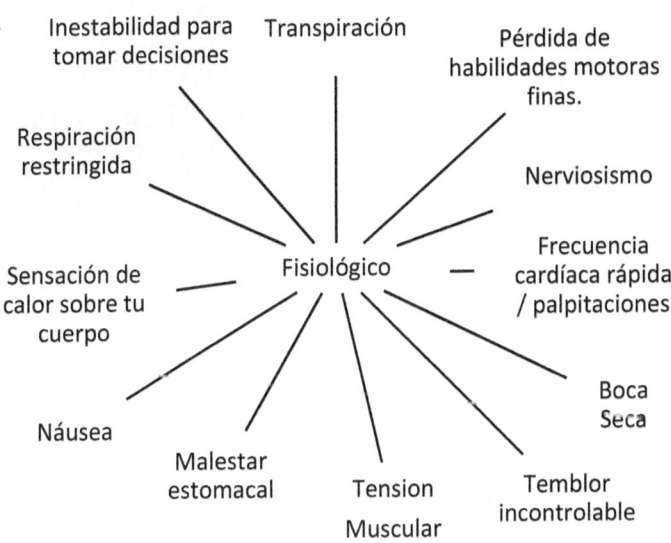

Comprender cómo reaccionará su cuerpo bajo un estrés extremo lo ayudará a controlar los efectos fisiológicos que experimentará. Las respuestas fisiológicas y perceptivas de su cuerpo se elevarán durante un evento violento. Te guste o no, tu cuerpo reaccionará de acuerdo con el nivel de estrés que experimenta. Los miembros de Primeros Respondedores y las Fuerzas Armadas de Elite Especial también experimentan este estrés. Los perpetradores tampoco son inmunes a estos efectos.

Efectos Perceptivos

Es posible que deba eliminar los efectos perceptivos, como la visión del túnel, la exclusión auditiva o la distorsión del tiempo. Durante la visión del túnel, su vista se distorsionará, lo que hará que los objetos no puedan verse correctamente. Si está experimentando una exclusión auditiva, tiene una pérdida temporal de audición debido a un alto estrés. Como tal está en la misma familia que la visión de túnel, que presentan la sensación de la desaceleración del tiempo en la mente. Esencialmente, la distorsión del tiempo se define como un efecto que hace que sea difícil seguir el paso del tiempo.

El primer paso para controlar su estrés es prepararse mentalmente con anticipación y saber cómo reaccionará su cuerpo. En caso de un ataque hostil, su reacción inmediata podría salvarle la vida. Si se esconde o tiene tiempo para pensar, respire profundamente varias veces, manténgase positivo y comprométase con sus acciones con confianza.

Eficiencia Óptima

Para alcanzar una eficiencia óptima, es posible que necesite utilizar una técnica de respiración conocida como "respiración de caja" o "respiración táctica". La respiración de caja es una herramienta útil para regular su estrés, calmarse y mantener la cabeza despejada. La técnica es utilizada con frecuencia por el personal militar y policial, que sirve como testimonio de cuán efectiva puede ser.

La respiración de caja se compone de una simple rotación de cuatro segundos que incluye inhalar, contener la respiración, exhalar y retenerla una vez más, como se muestra en la Figura 8.10. El proceso debe repetirse una y otra vez, sin interrupciones en el medio.

FIGURA 8.10: Respiración de caja

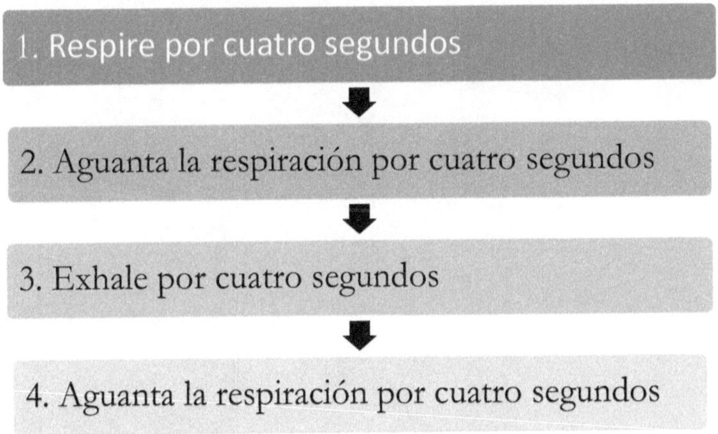

1. Respire por cuatro segundos
⬇
2. Aguanta la respiración por cuatro segundos
⬇
3. Exhale por cuatro segundos
⬇
4. Aguanta la respiración por cuatro segundos

Sus Opciones

Practica esta técnica por tu cuenta. Si se hace correctamente, notará una disminución en su ansiedad y un aumento de concentración. Puede parecer difícil de creer, pero esta herramienta simple puede aumentar sustancialmente sus probabilidades de supervivencia. Nuevamente, el primer paso para controlar su estrés es estar preparado mentalmente de antemano.

9

Controla el Sangrado

"Lo único más trágico que una muerte por sangrado ... es una muerte que podría haberse evitado ..."

El Colegio Americano de Cirujanos

Antes de profundizar en este próximo capítulo, déjenme ser perfectamente claro: no soy médico. No soy enfermero. Pero soy un veterano del Cuerpo de Marines de los Estados Unidos y, como tal, me enseñaron estas técnicas para salvar vidas que pueden usarse para tratar a las víctimas de disparos. Si utiliza estas técnicas, debe hacerlo con mucho cuidado. Consulte con un médico si tiene tiempo para hacerlo.

Según el Colegio Americano de Cirujanos, una víctima que sangra de una arteria puede morir en tan solo tres minutos. (El Colegio Americano de Cirujanos, n.d.) Este es el tipo de sangrado más peligroso y se conoce como hemorragia. La hemorragia es la segunda causa principal de muerte (30% a 40%) cuando sangra de una arteria. (Eric R. Donley, 2019) Como saben, las arterias son vasos sanguíneos que transportan sangre rica en oxígeno desde el corazón, por lo que es importante tener un plan de juego para ayudar a salvar a una persona sangrando profusamente. Por lo general, se ve con heridas masivas o profundas.

Tener un conocimiento básico de cómo controlar el sangrado es crucial. El primer paso que debe tomar es evaluar la situación. Si ve a una persona sangrando como resultado de un disparo en un evento de tirador activo, su principal prioridad es controlar el sangrado. Debe hacer todo lo posible para asegurarse de que la persona pueda contar su historia una vez que este horrible evento haya llegado a una conclusión.

Sí, los paramédicos y la policía probablemente estén en camino. Pero si puedes ayudarte a ti mismo o si puedes ayudar a otros, básicamente tienes tres minutos antes de que sea demasiado tarde. Como hemos visto, a la policía le toma un promedio de tres a cinco minutos llegar a la escena y manejar la situación. Sin embargo, tenga en cuenta todos los deberes que tienen durante estos escenarios. Deben asegurar el perímetro, establecer barricadas y posiblemente hasta neutralizar o arrestar al tirador. Además de todo eso, es fundamental que controlen el flujo de personas, y eso incluye a los paramédicos.

Para cuando los paramédicos lleguen a los heridos, puede ser demasiado tarde. Es posible que deba tomar el control de la situación hasta que lleguen. Si este es el caso, siga estos cuatro pasos básicos:

restablecer la respiración, controlar el sangrado, tratar el shock y proteger la herida.

El peligro inherente de estas heridas es la posibilidad de que la víctima se desangre. Entonces, para controlar el sangrado, memorice el acrónimo THREAT ("Amenaza" en inglés) que he enumerado debajo. Este acrónimo es un método de priorización que fue articulado por el Colegio Americano de Cirujanos y socios federales clave en la Conferencia de Consenso de Hartford el 2 de abril de 2013. (Comité conjunto para crear una política nacional para mejorar la capacidad de supervivencia de los eventos intencionales de disparos de víctimas en masa, 2013) El objetivo aquí es crear una estrategia sobre cómo responder a los desafíos que puede enfrentar si está tratando de tratar a una víctima de un disparo herido.

1. **T**ratar de suprimir las amenazas
2. Controlar **H**emorragias
3. **R**ápida **E**xtrusión a Área Segura
4. **A**preciación por Parte de Proveedores Médicos
5. **T**ransporte a Cuidados Definitivos

Lo más probable es que solo trates con el primero y el segundo. Los paramédicos se asegurarán de que se cumplan los pasos tres a cinco, pero debe ayudar a tratar de suprimir la amenaza y controlar el sangrado.

En caso de que haya alguien herido, las víctimas de los disparos enfrentarán una o más de las siguientes cinco heridas que he enumerado a continuación. Cuatro son "heridas abiertas" y una es una "herida cerrada". Puede usar el acrónimo AALIP (Aplastamiento, Abrasión, Laceración, Incisión y Punción) para ayudar a memorizar cada categoría de herida.

Heridas Cerradas

La primera es una herida cerrada conocida como "aplastamiento". La herida es causada por una acción abrumadora o un golpe severo en una parte del cuerpo. Estas heridas presentan un alto riesgo de infección.

Todos hemos tenido un hematoma, pero ¿qué es exactamente un hematoma? Bueno, cuando su cuerpo es golpeado con un objeto contundente, los tejidos debajo de la piel se aplastan. Por lo tanto, el hematoma o contusión. Recuerde, estas heridas no están abiertas y sangrando, por lo tanto, se clasifican como heridas cerradas. Reflexiona sobre un hematoma horrible que hayas experimentado. ¿Te hinchaste? Eso es típico de estas lesiones, ya que la sangre se llena dentro de la herida misma.

Heridas abiertas

La segunda herida se conoce como "abrasión". Es una herida abierta que se produce cuando se frota la piel. Presenta una alta probabilidad de que entren objetos extraños en la herida, lo que aumenta la posibilidad de infección. Cuando su piel se despega o se afeita de su cuerpo de esta manera, su sangre puede verse como si supurara.

Pero si un objeto afilado perfora su piel, crea lo que se conoce como una "laceración". Dependiendo de su gravedad, puede dañar tejido corporal, músculo, nervios y/o vasos sanguíneos. Estas heridas son causadas por un desgarro de la piel en lugar de un corte.

Las "incisiones" pertenecen a la misma familia que las laceraciones, pero son mucho más precisas. No son causados por bordes irregulares, sino más bien rectos y afilados, que crean un corte limpio en la piel.

Los objetos puntiagudos que van directamente a la piel provocan heridas de "punción". Estos son causados por clavos, cuchillos, un disparo o cualquier otro objeto puntiagudo. Estas heridas suelen ser más pequeñas que los otros tipos, lo que presenta una forma menos grave de hemorragia externa. Sin embargo, el resultado es una gran cantidad de daño interno.

Tenga cuidado con estas heridas ya que la verdadera extensión del daño no se puede ver a simple vista. Espera por ayuda médica.

Tratamiento de Heridas Abiertas

Si ve una herida abierta, el tiempo corre. Trate de aplicar presión directa y use un vendaje de presión o un torniquete para ayudar a la persona a superar la situación. También tenga en cuenta que la herida puede no ser esterilizada, por lo tanto, puede correr el riesgo de contaminación o infección.

Para ayudar a la víctima y mitigar el riesgo de infección o contaminación, aplique un vendaje de emergencia (vendaje israelí) o una gasa lo más rápido posible, pero hágalo con precaución. Si aplicas un vendaje con apriete innecesario, puede provocar aún más daño porque está restringiendo el flujo de sangre a las extremidades inferiores. Alternativamente, si el vendaje se aplica sin apretar, puede hacer que el apósito se caiga de su lugar. Trate de aplicar el vendaje ajustadamente. Nota: un vendaje israelí proporciona excelentes resultados y puede ser autoadministrado.

Después de aplicar con éxito el vendaje (a usted mismo u otra persona), debes evaluar la condición y la persona. Confirme que la persona o usted no sienten ningún hormigueo, entumecimiento o dolor, y esté atento a la decoloración de la piel. Todos estos son indicadores de mala circulación, lo que puede ser un signo de un vendaje apretado. Para mitigar la tensión, trate de dejar los dedos de manos y pies descubiertos. Hacerlo te ayudará a monitorear cualquier cambio potencial en el color.

Para reducir aún más el sangrado grave, trate de mantener la lesión elevada e inmovilizada.

Sangrado Grave

Si no tiene una venda disponible en ese momento, use los recursos que tiene a su disposición: sus manos. Aplicar presión sobre la herida con las manos puede aumentar seriamente el riesgo de infección, pero en esos primeros momentos cruciales, debe controlar el sangrado lo mejor que pueda.

Utiliza Puntos de Presión

Como alternativa, puede aplicar compresión a un punto de presión para controlar la pérdida de sangre. Los humanos tienen 22 puntos de presión en total. Los siguientes tres puntos son los más importantes. El primer punto se conoce como braquial (brazo), el segundo es el femoral (parte superior del muslo) y el tercero son las arterias carótidas (cuello). Al aplicar presión a estas arterias, es posible que pueda controlar el sangrado de manera más eficiente de lo que lo haría al aplicar presión directa a la herida. Recuerde aplicar presión a estos puntos con el talón de la palma de la mano y empujar hacia abajo hacia el hueso. Continúe haciéndolo hasta que se haya controlado el sangrado.

Torniquete

Se debe usar un torniquete como último recurso si el brazo o la pierna sangran. Solo aplique el torniquete si el vendaje no funcionó eficientemente, la presión manual falló y la presión arterial no tuvo éxito. ¿Por qué? Porque un torniquete puede presentar daños permanentes.

El torniquete debe colocarse una o dos pulgadas por encima de la herida abierta. Puede usar dos o tres dedos para medir esto, pero asegúrese de documentar el tiempo que ha envuelto un torniquete, un cinturón o un material de tela como una camisa. Escribe la hora en cualquier lugar con un marcador permanente. En la frente de la persona, cerca del torniquete, donde sea que puedas. Pero escríbalo claramente para que los paramédicos sepan la hora exacta. El objetivo aquí es ganarle tiempo a la persona y reducir la pérdida de sangre. Al escribir el momento de la aplicación, está permitiendo que el equipo de emergencia y las fuerzas del orden prioricen a los heridos.

Debo reiterar y dejarme ser perfectamente claro: no soy médico. No soy enfermera. Pero soy un marine y, como tal, me enseñaron estas técnicas para salvar vidas que pueden usarse para tratar a las víctimas de disparos. Si utiliza estas técnicas, debe hacerlo con mucho cuidado. Consulte con un médico si tiene tiempo para hacerlo.

Para obtener información adicional, visite el folleto *Save a Life, Stop the Bleeding* que se encuentra en el siguiente enlace. (El Colegio Americano de Cirujanos, 2017)

https://www.bleedingcontrol.org/-/media/bleedingcontrol/files/stop-the-bleed-booklet.ashx

10

Mis Pensamientos Finales

"Una de las decisiones más difíciles que enfrentarás en la vida es elegir si te rindes o te esfuerzas más".

Anónimo

El propósito general de este libro no es ofrecer soluciones a la crisis que enfrenta nuestra nación actualmente con tiroteos masivos o incidentes de tiradores activos. Es un tema divisivo con dos ideologías en conflicto, cada una de ellas compuesta por personas que defienden su punto de vista con firmeza y pasión. Cada uno debe ser respetado.

Pero la voluntad de sobrevivir en una crisis inmediata eclipsa esos puntos de vista. No hay debates sociales durante un tiroteo masivo o una situación de tirador activo. Se trata de la supervivencia y mi esperanza es que una persona lea este libro y esté capacitada con las herramientas que necesita para sobrevivir a un incidente si están literalmente atrapados en el fuego cruzado.

Nunca olvidaré la llamada telefónica que recibí de uno de mis clientes el 13 de mayo de 2019.

Pensamiento Proactivo en un Mundo Incierto

"Luis, la Escuela Primaria Johnston-Hopkins estuvo en un cierre real durante casi dos horas. No fue un simulacro. Un oficial de policía entró al edificio y estableció un centro de comando para observar a la persona con la que estaban negociando". Mi corazón se detuvo cuando escuché más detalles. Me quedé sin palabras y tenía muchas preguntas. Pero no era el momento adecuado para investigar el asunto. Todos estaban a salvo, lo que siempre es la principal prioridad. Afortunadamente, los niños almorzaron antes del enfrentamiento de 2 horas, y el individuo que se encerró dentro de una casa al otro lado de la calle de la escuela fue detenido sin disparos. (KATC News, 2019)

Este incidente me hizo más consciente de la gravedad de una amenaza de tirador activo porque estuve en la escuela primaria Johnston-Hopkins la semana anterior. Fui contratado para realizar servicios de mitigación de riesgos a través de mi empresa Fidelis NA, LLC. El alcance del trabajo incluyó la evaluación de la seguridad física y la vulnerabilidad de la seguridad en todo el campus. Recordé cada detalle de un recorrido de 4 horas, en el que interactué con el amable personal y los niños inocentes. Aunque la policía tenía una fuerte presencia en la escuela, todo en lo que podía pensar era en los resultados de la evaluación, específicamente los riesgos y la ubicación de cada vulnerabilidad.

En esta nueva era, los simulacros de encierro se han vuelto tan normales como realizar simulacros de incendio. La responsabilidad por no ensayar ejercicios de tiradores activos es demasiado grande. Para mitigar el riesgo, los distritos escolares han comenzado a discutir el asunto con sus comunidades, no importa cuán difíciles puedan ser esas discusiones. La probabilidad de un ataque es baja, pero eso no elimina la posibilidad de que ocurra un evento.

Lo desafortunado es que los niños y los padres a menudo piensan en estos incidentes de una manera que se basa únicamente en el miedo. Mi hija de once años recientemente compartió su miedo a ser víctima después de ver noticias recientes y escuchar entrevistas de radio. Una encuesta reciente realizada por The Children's Defense Fund mostró cuán válidos podrían ser sus temores, ya que concluyó que "un tiroteo en mi escuela" es el segundo temor de los estudiantes de entre 6 y 17 años, mientras que "un tiroteo ocurra en la escuela de mi hijo" es el tercer miedo clasificado para los padres. Dado el aumento de los tiroteos masivos y la necesidad de preparación, los distritos escolares han hecho un esfuerzo consciente para garantizar que sus escuelas pasen por simulacros de cierre como un medio para proporcionar un cierto nivel de preparación a los niños y al personal. (Fondo de Defensa Infantil, 2018)

Vale la pena señalar que las entidades deben asegurarse continuamente de que están preparadas para absorber los riesgos, peligros y amenazas de un tirador activo al tener un plan para manejar una crisis. Estas entidades incluyen escuelas, universidades, empresas y otras organizaciones.

Pensamiento Proactivo en un Mundo Incierto

Pero ¿por qué las organizaciones y las personas que trabajan o las visitan deben temer por sus vidas en primer lugar? Parece, quizás, que la sociedad presiona a cada entidad para una mejora continua de cómo protegerán su activo más valioso: los seres humanos. Las entidades hacen todo lo posible para mitigar la incertidumbre invirtiendo en sistemas y procesos, pero como muestran los datos, a veces no es suficiente. Se necesita más. Pero por alguna razón, los líderes y los guardianes financieros no racionalizan por qué una inversión que puede ayudar a los suyos es buena para los negocios.

Me pregunto, ¿vale la pena considerar agregar responsabilidad social corporativa en la conversación? ¿Cómo podemos aprender de incidentes anteriores?

Responsabilidad Social Corporativa

El surgimiento del capitalismo es uno de los aspectos más importantes de lo que hace que la historia de los Estados Unidos de América sea tan fascinante. Desde la fundación de los Estados Unidos, la mayoría de las personas enfrentaron un mundo nuevo que fue liberado del dominio británico. Estaban solos para resolver cualquier problema, ya sea social o económico. Esta nueva "libertad" significó mucha incertidumbre y dio origen a nuevos desafíos y problemas únicos de los que las personas eran responsables de alguna forma u otro.

Sus Opciones

Aunque puede haber sido un desafío vivir estos tiempos, creo que este período ofreció un enorme espacio para poner a prueba sus ideas para resolver problemas. Sin duda, era un buen momento para ser ambicioso y demostrarle al mundo que tenía hambre de un cambio lleno de deseo. Pudiste perseguir la resolución de problemas en un mundo nuevo lleno de una mezcla de asuntos sociales, económicos y políticos.

A medida que las personas comenzaron su viaje empresarial para mejorar la vida a través de la resolución de problemas, surgieron nuevos problemas al solucionar los problemas iniciales.

Considere la afluencia de personas a la ciudad de Nueva York (NYC) a lo largo de la historia. A medida que las personas se mudaron continuamente a Nueva York, la demanda de bienes y servicios básicos siguió el ritmo. Por lo tanto, se establecieron muchas empresas para satisfacer las nuevas demandas de las personas. Este ciclo de oferta y demanda aún continúa en los Estados Unidos hasta el día de hoy.

Las empresas deben seguir siendo contemporáneas para satisfacer las necesidades y demandas de sus consumidores. Además de eso, los ciudadanos continúan enfrentando mayores problemas socioeconómicos también. Pero este aumento en el cumplimiento de las demandas de la economía conlleva la responsabilidad de garantizar que haya un tejido sostenible incorporado en el negocio mismo.

O, al menos, debería haber.

Pensamiento Proactivo en un Mundo Incierto

Veamos cómo la Cámara de Comercio Internacional (ICC por sus siglas en inglés) definió esta responsabilidad. "La ICC dice que la Responsabilidad Social Corporativa (RSC) es 'el compromiso voluntario de las empresas para gestionar sus roles en la sociedad de manera responsable', y la Comisión de la Unión Europea dice que la RSC es 'esencialmente un concepto por el cual las empresas deciden voluntariamente contribuir a una sociedad mejor y un ambiente más limpio' y, más precisamente, 'un concepto por el cual las empresas integran las preocupaciones sociales y medioambientales en sus operaciones comerciales y en su interacción con sus partes interesadas de forma voluntaria' ". (Mullerat, 2010)

Obviamente, sin clientes, las empresas no sobrevivirían. Sería difícil, si no imposible, mantener sus operaciones y comercio en consecuencia. Por lo tanto, en el mundo empresarial actual impulsado por el cliente, los consumidores tienen más conciencia social que nunca. Las empresas deben asegurarse de conectarse con sus clientes a través de temas socialmente impulsados. Aunque la responsabilidad social corporativa es voluntaria, vale la pena el esfuerzo.

Los consumidores quieren saber dónde gastan el dinero que tanto les costó ganar y qué representa la empresa. También quieren saber con quién hace negocios la empresa. ¿Quiénes son sus proveedores, sus vendedores, de dónde obtienen sus materiales? Lo creas o no, estas cosas son importantes. Las prácticas éticas de todos los actores clave son cruciales, en toda la cadena de suministro.

Sus Opciones

Los empleados, por otro lado, quieren saber exactamente para quién están trabajando y si representan el mejoramiento del mundo en general. La imagen de una empresa es uno de sus activos más valiosos. Si una compañía no está en sintonía con la imagen que está presentando al público, puede enfrentar una batalla cuesta arriba para retener o adquirir nuevos negocios.

Tomemos como ejemplo la empresa de zapatillas TOMS. Si por casualidad entró a su página web durante el mes de agosto de 2019, la primera imagen que pudo haber visto fue su misión y visión de conciencia social titulada "Stand for Tomorrow" (Defender el Mañana) (Figura 10.1)

FIGURA 10.1: Captura de Pantalla del sitio web de TOMS "Stand for Tomorrow"

Pensamiento Proactivo en un Mundo Incierto

Dentro de la promoción, tuvieron seis problemas sociales que sus clientes podían apoyar: igualdad, acceso al agua potable, lucha contra la pobreza, tratamiento de la salud mental, proporcionar zapatos a las personas y poner fin a la violencia armada. Todo está ahí en su lema corporativo: "Con cada compra de TOMS, usted nos respalda en asuntos importantes".

El enfoque de TOMS a los problemas sociales generales es encomiable. Cuando un cliente compra un par de zapatillas, se le da otro par a un niño necesitado.

TOMS' era socialmente consciente de los problemas que enfrentan muchos niños desafortunados en todo el mundo. Hay muchos niños que caminan por el mundo sin calzado adecuado, lo que afecta enormemente su calidad de vida.

Un par de zapatillas puede asegurar que un niño camine a la escuela todos los días, o permitirle ayudar a su familia a obtener recursos como comida o agua. Estos son problemas sociales en los que los accionistas, empleados y clientes han expresado su opinión y compañías como TOMS los han escuchado fuerte y claro.

Una de sus nuevas iniciativas se llama "Poner Fin a la Violencia Armada Juntos". TOMS se ha comprometido con la comunidad alentando a las personas a enviar una tarjeta postal a sus representantes en el Congreso de los Estados Unidos pidiendo que introduzcan verificaciones de antecedentes universales. Su objetivo es enviar un millón de postales, y al momento de escribir esto, se han enviado 700,000.

TOMS también ha invertido $5 millones de dólares en subvenciones para ayudar con la prevención, intervención y apoyo a los sobrevivientes. Las subvenciones serán utilizadas por organizaciones sin fines de lucro que tienen la experiencia y los recursos necesarios para ayudar a poner fin a la violencia armada. (TOMS, n.d.)

Otro ejemplo es Microsoft. Posiblemente una de las historias de negocios más reconocidas y exitosas que el mundo haya conocido. Microsoft tiene su sede en Seattle y ha atraído a un grupo grande y talentoso de ingenieros al área metropolitana de esa ciudad. La afluencia de ingenieros al área de Seattle significó grandes oportunidades para algunos, pero no para otros. Por ejemplo, los ingenieros de software disfrutaron de trabajos bien remunerados, mientras que el salario de los que no son ingenieros de software no coincidía con los trabajos bien remunerados. Este desequilibrio salarial creó un problema de vivienda.

El problema es que, con el crecimiento y el éxito de Microsoft, los valores de la vivienda aumentaron en casi un cincuenta por ciento en el área de 2010 a 2018. Luego, la sede de Amazon entró en la mezcla, y puede ver fácilmente cómo los valores de la vivienda aumentaron aún más. Esto es un problema.

Ambas compañías (cualquier compañía de hecho) necesitan el apoyo de sus trabajadores para funcionar sus operaciones. Y, por supuesto, estos trabajadores necesitan un lugar para vivir. Entonces, para ayudar a resolver este problema social, Microsoft se ha comprometido a invertir $500 millones de dólares para "abordar directamente la desigualdad que se ha extendido en las áreas donde se concentra la industria, particularmente en la costa oeste. Financiará la construcción de viviendas asequibles no solo para los propios trabajadores no tecnológicos de la compañía, sino también para maestros, bomberos y otros residentes de ingresos medios y bajos". (Weise, 2019) Para seguir siendo competitivos y atraer clientes adicionales, Microsoft implementó una estrategia muy interesante para apoyar el área de vivienda en general.

Pero si hablamos más sobre los problemas sociales que enfrentamos hoy, como los incidentes de tiradores activos y asesinatos en masa, ¿se puede hacer algo para ayudar a la sociedad de una manera corporativa responsable? Yo mismo soy optimista.

Consideremos algunas iniciativas de control de armas que han sido implementadas por varias grandes empresas minoristas de EE. UU. de una manera socialmente responsable. Considere esto: si el arma puede rastrearse hasta la tienda minorista, las implicaciones pueden repercutir en todos los consumidores en una connotación negativa.

Tomemos a la cadena de tiendas Dick's Sporting Goods Inc. como ejemplo. Dick's dejó de vender rifles de asalto en todas sus tiendas después del incidente de Sandy Hook y ha modificado su política una vez más tras la respuesta que las armas de alto poder trajeron a la conversación. (Jones, 2018) El incidente de la secundaria Marjory Stoneman Douglas High School en Parkland, Florida, sacudió a la nación una vez más, y Dick hizo algo, ya sea que esté de acuerdo o no.

Ed Stack, presidente y director ejecutivo de Dick's, dijo: "Creo que los directores ejecutivos (CEO) de hoy o las empresas de hoy tienen que sentarse, y tienen que decir qué es lo correcto que debemos hacer". Esto influyó en los ejecutivos de Dick's para considerar tener una conversación interna sobre qué se puede hacer para ayudar a controlar el riesgo de vender armas de fuego. Sus ejecutivos decidieron actualizar las políticas y el modelo comercial de Dick's a raíz de Parkland. Este cambio fue "unánime en que Dick's debería hacer esto y ponerse de pie y tomar una posición". Las operaciones comerciales internas de Dick's efectivamente "elevaron la edad de compra de armas a 21 años y pusieron fin a las ventas de rifles de asalto" (Nassauer, 2018)

Y luego está Walmart. Doug McMillon, director ejecutivo de Walmart, habló sobre en qué se centrará su empresa durante la convocatoria de ganancias del 15 de agosto de 2019. El Señor McMillon proporcionó información sobre lo que Walmart ha hecho

Pensamiento Proactivo en un Mundo Incierto

en el pasado y lo que hará en el futuro de una forma socialmente responsable para "fortalecer sus procesos, mejorar su tecnología y crear un entorno aún más seguro en sus tiendas". (Danziger, 2019) Aquí hay una lista de cinco iniciativas a las que Walmart se adherirá, según el Señor McMillon (Walmart Inc., 2019):

1. Walmart dejó de vender pistolas de mano en todos los estados excepto Alaska a mediados de los 90's.
2. Walmart dejó de vender rifles de estilo militar como el AR-15 en 2015.
3. Walmart aumentó el límite de edad para comprar un arma de fuego o municiones a 21 en 2018.
4. Walmart solo vende un arma de fuego después de recibir una "luz verde" en una verificación de antecedentes, independientemente del período de tiempo necesario para obtener esa información. La ley federal solo requiere la ausencia de una "luz roja" después de tres días laborables.
5. Walmart graba en video el punto de venta de armas de fuego, solo permite que ciertos asociados vendan armas de fuego y las asegura en un estuche con cerraduras individuales, entre otras medidas.

Kroger, la cadena de supermercados más grande del país es otro ejemplo de cómo una empresa puede tomar sus propias iniciativas para ayudar con el control de armas. Según lo declarado por un portavoz de Kroger, "los eventos recientes demuestran la necesidad de una acción adicional por parte de los minoristas responsables de armas". El incidente de Parkland provocó conversaciones dentro de los rangos ejecutivos de Kroger, quien declaró que "en respuesta a los trágicos eventos en Parkland y en otros lugares, Kroger ha analizado detenidamente sus políticas y procedimientos para la venta de armas de fuego". (Gajanan, 2018)

Kroger anunció que "dejará de vender armas de fuego a personas menores de 21 años en sus ubicaciones de Fred Meyer" luego del incidente de Parkland. (Haddon, 2018) Kroger también "aumentó la edad mínima para comprar armas de fuego y municiones", además de "detener la venta de rifles de asalto en sus cadena de hipermercados Fred Meyer en Oregon, Washington e Idaho hace varios años, y dejará de aceptar órdenes especiales de ese tipo de armas en Alaska, dijo un portavoz en un comunicado". (Gajanan, 2018)

No importa dónde se encuentre en la línea política, los grandes minoristas tienen un interés personal en garantizar que los productos que venden se vendan de manera responsable. Hay un problema en la sociedad hoy en día con las armas de estilo militar en manos de personal no militar. Parece que se siente más presión para mejorar la forma en que la nación maneja lo que creo que es la causa principal de los disparos masivos ... la munición y el arma en sí.

Aquí hay otro ejemplo de por qué, en palabras del Señor Stack, "está bien tener puntos de vista diferentes siempre que pueda tener una conversación racional y cerebral al respecto" (Nassauer, 2018). La necesidad de encontrar una solución equilibrada y una conversación se inicia después del 14 de agosto de 2019. La ciudad de Filadelfia quedó paralizada durante casi ocho horas después de un tiroteo/enfrentamiento armado muy intenso y prolongado con los agentes de la ley de la ciudad. La policía de Filadelfia estaba en medio de una entrega de una orden de narcótico a un delincuente cuando la operación se volvió de lado. El sospechoso se encerró con un rifle automático y una munición suficiente para durar casi medio día, solo.

Se puede debatir que las personas son la causa del problema. Pero si las personas no tuvieran los medios para adquirir armas de estilo militar, obviamente disminuiría su uso entre esas personas.

El impacto sobre los recursos de la ciudad y los policías heridos fue inmediatamente sentido por las autoridades, y el alcalde expresó severamente su opinión sobre el tema muy cargado, diciendo que estaba "un poco enojado porque alguien tiene todo ese armamento y todo ese poder de fuego". (Faith Karimi, 2019)

La Necesidad de Investigación Académica

En las páginas finales de este libro, ofreceré una propuesta final que podría ayudar a descubrir explicaciones a esta crisis nacional.

Ha habido numerosos perpetradores que han sido arrestados después de estos incidentes de disparos activos. Estas personas todavía están vivas y en confinamiento. Teniendo esto en cuenta, se debe realizar una investigación académica continua para identificar de manera integral 1) ¿cuáles fueron las razones de la amenaza?, 2) ¿por qué lo hicieron?, 3) ¿qué los motivó a llevar a cabo sus planes?, 4) ¿qué tipo de preparativos fueron llevado a cabo?, 5) ¿cómo se comprometieron con las acciones?, y 6) ¿podría algo o alguien haber ayudado a evitar que ocurriera el incidente? Estas personas pueden ser un recurso para lograr esto, y todo esto podría facilitar la comprensión para ayudar a otras personas que corren el riesgo de intentar delitos similares en el futuro.

La propuesta analizaría los tiradores activos anteriores para comprender sus motivos más allá de lo que se ha informado a través de agencias gubernamentales, departamentos de policía y los medios de comunicación. Los datos que pueden generarse a través de la investigación podrían resultar invaluables para el desarrollo de una preparación integral. Estos datos proporcionarían a los investigadores, los encargados de formular políticas y las organizaciones el conocimiento práctico que necesitarían para mitigar los riesgos asociados con un posible incidente de tirador activo.

Podría decirse que la salud mental es una "razón" típica que se proporciona para tratar de explicar por qué una persona puede haber cometido un delito relacionado con un tirador activo. Pero si en cambio reflexionamos más sobre la planificación que llevan a cabo estos perpetradores de antemano, ¿no sería un esfuerzo tan intensamente desafiante como tratar de comprender todas las complejidades intrincados de la salud mental pasado por alto por una información más tangible? El Servicio Secreto de los Estados Unidos (USSS por sus siglas en inglés) informó que estos perpetradores generalmente planean sus crímenes "durante un período de tiempo, y los atacantes a menudo provocan la preocupación de las personas que los rodean, por lo tanto, existe la oportunidad de detener estos incidentes antes de que ocurran". (Servicio Secreto de EE. UU., 2019) El USSS también ha enfatizado que "la enfermedad mental, por sí sola, no es un factor de riesgo para la violencia, y la mayoría de la violencia es cometida por personas que no tienen enfermedades mentales".

Podemos luchar contra esto, si nos mantenemos conscientes.

Sus Opciones

Apéndice A: Compilación de Listas

Este apéndice es una descripción general de cada lista con sus opciones. Puede utilizarlo para 1) elegir diferentes temas de interés, 2) como punto de referencia o 3) como directorio de listas.

Lista de Verificación de Seguridad Mental a Considerar Durante Todo el Día
(Capitulo 1)

1. ¿Ha aumentado o disminuido el flujo de personas?
2. Compara cómo se viste la gente. ¿Hay alguien que se destaque?
3. Observe el ritmo de la caminata. ¿Alguien se destaca?
4. ¿Son típicos los sonidos que está escuchando en relación con su entorno?
5. ¿Han cambiado las cosas en la seguridad física de la propiedad, como puertas abiertas, entreabiertas o abiertas?
6. ¿Conoces tu ruta de salida o puertas de salida?
7. ¿Ves un comportamiento anormal?
8. ¿Alguien te sigue?

Seis Ejemplos De Características De Seguridad Física (Capitulo 1)

1. Barreras
2. Recursos de seguridad física [campo]
3. Tecnología
4. Control de acceso
5. Escolta
6. Protocolos de seguridad

Diez Características De Las Personas Proactivas (Capitulo 2)

1. Están facultados para tomar una decisión.
2. Planean para el futuro, por lo que están preparados para actuar antes de estar en peligro.
3. Consideran posibles escenarios y anticipan lo que puede suceder antes de que suceda.
4. Mantienen una lista organizada de algún tipo.
5. Toman iniciativa, identifican y analizan riesgos mientras se mantienen conscientes de sus respectivas consecuencias.
6. Están comprometidos y tienen una imagen mental de cómo resolver un problema (una ruta de respuesta).

7. Tienen previsión y son capaces de anticipar situaciones (peligro, incidentes, crisis) antes de que ocurran.
8. Ensayan medidas preventivas.
9. Actúan y no postergan.
10. Se hacen responsables.

Ecuación de Proactividad
(Capitulo 2)

$$P^1 = \frac{(P^2 + C + P^3) * (P^4 + L + E^1 + E^2 + T) * (SA + DM)}{ToC}$$

PCP (Consulte el gráfico 2.2 para obtener más información)
PLEET (Consulte el Gráfico 2.3 para más información)

Dónde:

P^1 = Proactivo
P^2 = Percepción
C = Comprensión
P^3 = Proyección
P^4 = Personas
L = Lugar
E^1 = Evento
E^2 = Entorno
T = Tiempo (Hora)
SA = (Siglas en Ingles) = Autoconciencia
DM = (Siglas en Ingles) = Toma de Decisiones
ToC = Totalidad de Circunstancias

Pensamiento Proactivo en un Mundo Incierto

Ciclo de Cambio en el Comportamiento Condenado
(Capitulo 3)

1. Declaración suicida o comportamiento suicida
2. Mostrando signos de investigación, planificación, preparación
3. Aumento en la adquisición de armas
4. Declaraciones de despedida, videos, notas, etcétera.

Factores de riesgo
(Capitulo 3)

1. Historial de abuso de sustancias
2. Amenazas específicas y directas
3. Conflictos de violencia pasados con compañeros de trabajo
4. Obsesión con la violencia
5. Condenas pasadas por delitos violentos
6. Dificultad con el manejo de la ira
7. Aumento de la beligerancia o hipersensibilidad a las críticas
8. Desorganización extrema
9. Comentarios o amenazas homicidas o suicidas
10. Cualquier otro cambio notable en el comportamiento

Sus Opciones

El Servicio Secreto Determinó Que Estos Comportamientos Pueden Incluir:
(Capitulo 3)

1. Publicaciones en redes sociales con contenido alarmante
2. Escalada de ira o comportamiento agresivo
3. Cambios en el comportamiento y la apariencia.
4. Expresiones de ideas suicidas.
5. Escribir sobre violencia o armas
6. Cortar las comunicaciones.
7. Comportamiento inapropiado hacia las mujeres.
8. Comportamientos de acoso y acoso
9. Aumento de la depresión
10. Mayor consumo de drogas.
11. Comportamiento errático
12. Compra de armas
13. Amenazas de violencia doméstica.
14. Actuando paranoico

Cinco Indicadores de Amenaza
(Capitulo 3)

1. Vestimenta
2. Acciones
3. Comportamiento

4. Ojos

5. Lenguaje corporal.

Siete Ubicaciones Vulnerables Que Enfrentan Una Amenaza De Tiradores Activos
(Capitulo 4)

1. Areas Comerciales
    a. Negocios abiertos al público
    b. Negocios cerrados al público
    c. Centros comerciales

2. Ambientes Educativos
    a. Pre-kindergarten hasta el 12 ° grado
    b. Instituciones de enseñanza superior.

3. Espacios abiertos

4. Centros médicos

5. Instalaciones gubernamentales
    a. Militar
    b. Otras propiedades del gobierno

6. Lugares de culto

7. Residencias

Sus Opciones

Cuatro categorías de peligros
(Capítulo 4)

Categoría # 1 Peligro Natural
• Temblores
• Tornados
• Relámpagos
• Viento severo
• Huracanes
• Inundaciones
• Incendios forestales
• Temperaturas extremas
• Deslizamientos de tierra
• Tsunamis
• Erupciones volcánicas
• Precipitaciones de invierno

Categoría # 2 Riesgos Tecnológicos
• Explosiones o liberación accidental de toxinas de plantas industriales.
• Liberación accidental de materiales peligrosos dentro de una escuela, como fugas de gas o derrames de laboratorio.
• Materiales peligrosos liberados en las principales autopistas o ferrocarriles.
• Liberaciones radiológicas de centrales nucleares.

Categoría # 2 Riesgos Tecnológicos

- Falla de la presa
- Fallo de energía electrica
- Falla de agua

Categoría # 3 Peligros Biológicos

- Enfermedades infecciosas como la gripe pandémica, la tuberculosis ampliamente resistente a los medicamentos, el estafilococo áureas o la meningitis.
- Brotes de alimentos contaminados, como salmonella, botulismo, y e-coli
- Materiales tóxicos presentes en laboratorios como ántrax, botulismo, brucelosis, peste, viruela, tularemia, fiebres hemorrágicas virales
- Agentes químicos
- Ampollas
- Sangre
- Asfixia / pulmón / episodios pulmonares
- Gases incapacitantes, como el gas nervioso o lacrimógeno.
- Vómito

Categoría # 4 Peligros Adversos y Causados por Humanos

- Fuego
- Tiradores activos
- Amenazas o acciones criminales

Sus Opciones

- Violencia de las pandillas
- Amenazas de bomba
- Violencia doméstica y abuso
- Ataques cibernéticos
- Suicidio
- Bomba de vehículo estacionario
- Ataque con armas pequeñas
- Sulfuro de hidrógeno ("bomba apestosa")
- Entrada forzada por la noche para dañar la propiedad.
- Ataque electrónico para destruir o alterar registros
- Entrada no autorizada (forzada o encubierta)

Tipos de Incidentes
(Capitulo 4)

1. Ataques dirigidos
2. Ataques grupales
3. Ataques aleatorios

Incidentes de Tiradores Activos en el Lugar de Trabajo
(Capitulo 5)

1. Desconocidos absolutos
2. Familiares, Relaciones Personales
3. Empleados y Supervisores

4. Consumidores, Clientes o Pacientes

Factores de Riesgo de Violencia Laboral
(Capítulo 5)

1. Personas
2. Tiempo de Espera
3. Flujo de visitantes
4. Ubicación / Transporte
5. Vecindario / Ubicación
6. Percepción
7. Diseño Pobre del Lugar de Trabajo
8. Malas Condiciones Internas
9. Condiciones de Trabajo
10. Comunicación
11. Prevalencia de Armas
12. Proximidad a Otros

15 Posibles estresores en los perpetradores de tiradores activos (Silver, 2018)

(Capítulo 6)

Según la investigación del FBI, los "factores estresantes" proporcionan información sobre las posibles motivaciones para que una persona cometa un delito. Los estresores son invisibles y difíciles de detectar a menos que esté al menos algo familiarizado con la persona que los puede exhibir. Son "fuerzas físicas, psicológicas o sociales que imponen demandas/presiones reales o percibidas a un individuo y que pueden causar angustia psicológica y/o física. Se considera que el estrés es un correlato bien establecido del comportamiento delictivo". (Felson, 2012)

#	Estresante	Definición
1	Abuso de drogas ilícitas o alcohol	Dificultades causadas por los efectos de las drogas/alcohol y/o frustraciones relacionadas con la obtención de estas sustancias.
2	Problemas legales civiles	Ser parte de una demanda no trivial o acción administrativa.
3	Conflicto con amigos/compañeros:	Tensión general en la relación más allá de lo que es típico para la edad del tirador activo o casos específicos de desacuerdo grave y continuo.
4	Conflicto con otros miembros de la familia:	Tensión general en la relación más allá de lo que es típico para la edad del

#	Estresante	Definición
		tirador activo, o casos específicos de desacuerdo grave y continuo.
5	Conflicto con los padres:	Tensión general en la relación más allá de lo que es típico para la edad del tirador activo, o casos específicos de desacuerdo grave y continuo.
6	Problemas legales penales	Arrestos, condenas, libertad condicional.
7	Muerte de un amigo/familiar	Muerte que causó angustia emocional o psicológica.
8	Tensión financiera	Relacionado con la pérdida de empleo, cobro de deudas, desalojo potencial o real, inhabilidad para pagar las facturas diarias normales y habituales.
9	Problemas relacionados con el trabajo	Conflictos continuos con compañeros de trabajo o con la gerencia, evaluaciones generalizadas de bajo rendimiento o disputas por pagos excesivos o licencias.
10	Problemas matrimoniales / conflicto con pareja (s) íntima / divorcio o separación:	Dificultades en la relación que fueron una fuente constante de angustia psicológica y/o que condujeron probablemente al final de la relación o al deseo de terminarla.
11	Problemas de salud mental:	Síntomas de ansiedad, depresión, paranoia u otros problemas de salud mental que tienen un efecto negativo en el funcionamiento diario y/o las relaciones.
12	Otro	Cualquier otra circunstancia que cause dificultades físicas, psicológicas o emocionales que interfieran de manera

Sus Opciones

#	Estresante	Definición
13	Lesión física:	no trivial con el funcionamiento normal en la vida diaria. Condición física/lesión que interfirió significativamente o restringió las actividades normales y habituales.
14	Problemas relacionados con la escuela: o Conflicto en la escuela	Conflictos con maestros y personal que van más allá de casos únicos de disciplina menor; frustración generalizada con el trabajo académico; incapacidad para seguir las reglas de la escuela. o Tensión general en las escuelas más allá de lo que es típico para la edad del tirador activo, o casos específicos de desacuerdo grave y continuo
15	Estrés sexual/frustración	Incapacidad pronunciada y continua para establecer un deseo

21 Comportamientos potenciales relativos a los perpetradores de tiradores activos (Silver, 2018)
(Capítulo 6)

Los comportamientos concernientes son comportamientos observables exhibidos por el tirador activo. Los comportamientos concernientes fueron identificados por el FBI

#	Comportamiento concerniente	Definición
1	Cantidad o calidad del sueño.	Patrones de sueño inusuales o cambios notables en los patrones de sueño.
2	Ira	Exhibiciones inapropiadas de actitud/temperamento agresivo.
3	Cambio, escalada o comportamiento de armas de fuego contextualmente inapropiado	Interés o uso de armas de fuego que parece inusual dado el historial y la experiencia del tirador activo con armas de fuego.
4	Cambios en el peso o hábitos alimenticios.	Pérdida o ganancia de peso significativa relacionada con los hábitos alimenticios.
5	Higiene o apariencia personal	Cambios notables y/o sorprendentes en la apariencia o prácticas de higiene.
6	Impulsividad	Acciones que en contexto parecen haber sido tomadas sin el cuidado o previsión habitual.

Sus Opciones

#	Comportamiento concerniente	Definición
7	Interacciones interpersonales	Más que la cantidad habitual de discordia en las relaciones continuas con familiares, amigos o colegas.
8	Filtración	Comunicación a un tercero de la intención de dañar a otra persona.
9	Salud mental	Indicaciones de depresión, ansiedad, paranoia u otros problemas de salud mental.
10	Otro	Cualquier comportamiento no capturado en las categorías anteriores que causa más de una cantidad mínima de preocupación en el observador.
11	Agresión física	Uso inapropiado de la fuerza; uso de la fuerza más allá de lo habitual en las circunstancias.
12	Salud física	Cambios significativos en el bienestar físico más allá de lesiones y dolencias menores.
13	Calidad de pensamiento o comunicación.	Indicaciones de procesos de pensamiento confusos o irracionales.
14	Toma de riesgos	Acciones que muestran más que un desprecio habitual por las consecuencias negativas significativas.
15	El rendimiento escolar	Disminución apreciable en el rendimiento académico; Ausencias inexplicables o inusuales.
16	Comportamiento sexual	Aumentos o disminuciones pronunciadas en el interés o las prácticas sexuales.
17	Amenazas/Enfrentamientos	Comunicaciones directas a un objetivo de intención de dañar. Puede ser entregado en persona o por otros medios (por ejemplo,

#	Comportamiento concerniente	Definición
		mensajes de texto, correo electrónico, teléfono).
18	**Uso de drogas ilícitas o uso ilícito de medicamentos recetados.**	Uso repentino y/o reciente o cambio en el uso de drogas; usar más allá de las normas sociales que interfieren con las actividades de la vida diaria.
19	**Uso o abuso de alcohol.**	Uso repentino y/o reciente o cambios en el uso de alcohol; usar más allá de las normas sociales que interfieren con las actividades de la vida diaria.
20	**Uso violento de medios**	Más que un interés apropiado para la edad en representaciones visuales o auditivas de violencia.
21	**Desempeño laboral**	Disminución apreciable en el desempeño laboral; Ausencias inexplicables o inusuales.

Beneficios Del Desarrollo Profesional De Seguridad Y Protección (Capítulo 7)

1. Introduzca el elemento de los procedimientos de respuesta a riesgos y emergencias a su negocio.
2. Muestra que realmente se preocupa por su seguridad y aumentará la productividad del personal. El personal aprenderá cómo reaccionar ante cambios inesperados en la situación ambiental.
3. Cumplir con las leyes federales y estatales.
4. Mitigar contra el potencial de una demanda o reclamos de compensación.

Sus Opciones

5. Cobertura contra costos indirectos y aumente la imagen de su marca.
6. Desarrolle la cohesión del equipo y aprenda de los errores en un entorno de bajo estrés.
7. Construir memoria muscular a través de la repetición.
8. Construya un modelo mental sobre cómo responder y pivotar dependiendo de la situación.

Pasos en el Proceso De Resolución De Problemas (Capitulo 7)

1. Identificar el Problema
2. Decidir Sobre qué Medidas Tomar
3. Generar Soluciones Alternativas
4. Implemente la Solución

Cuatro Sugerencias Alternativas Que Uno Puede Considerar Implementar Para Responder a un Incidente De Tirador Activo (Capítulo 8)

1. Evadir
2. Obstruir
3. Defender
4. Trabajar en Equipo

12 Respuestas Fisiológicas Que Una Persona Puede Sentir Durante Niveles Elevados De Estrés
(Capítulo 8)

1. Transpiración
2. Boca seca
3. Frecuencia cardíaca rápida/palpitaciones
4. Nerviosismo
5. Sacudida incontrolable
6. Temblor incontrolable
7. Inestabilidad para tomar decisiones.
8. Sensación de calor sobre tu cuerpo
9. Respiración restringida
10. Náuseas/malestar estomacal
11. Tensión muscular
12. Pérdida de habilidades motoras finas, como destreza en los dedos

Respiración de Caja: Cuatro Pasos Para un Rendimiento Óptimo
(Capítulo 8)

1. Toma aire por cuatro segundos
2. Aguanta la respiración por cuatro segundos
3. Exhale por cuatro segundos
4. Aguanta la respiración por cuatro segundos

Apéndice B: Notas y Enlaces

1. Lista de 277 incidentes de tiradores activos de 2000 a 2018 a partir de abril de 2019. (Departamento de justicia de EE. UU., 2019)

   Este enlace contiene un documento con una lista de 277 incidentes de tiradores activos en los Estados Unidos que han sido identificados por el FBI desde 2000 hasta finales de 2018.

   https://www.fbi.gov/file-repository/active-shooter-incidents-2000-2018.pdf/view

   Para obtener información adicional relacionada con cada incidente, consulte los estudios separados realizados por el FBI

   - *Un estudio de incidentes de tiradores activos en los Estados Unidos entre 2000 y 2013*
   - *Incidentes de tiradores activos en los Estados Unidos en 2014 y 2015*
   - *Incidentes de tiradores activos en los Estados Unidos en 2016 y 2017*
   - *Incidentes de tiradores activos en los Estados Unidos en 2018.*

Sobre el Autor

Luis A. Ramirez es el fundador y CEO de Fidelis NA, LLC y el fundador de Ramirez Consultancy, LLC (RCS). Fidelis proporciona una gestión de seguridad y mitigación de riesgos personalizada a través del desarrollo de soluciones de seguridad rentables, no invasivas y personalizadas para mejorar la seguridad del personal y mitigar los riesgos asociados con la propiedad de los activos corrientes del negocio. RCS es una firma consultora, propiedad de veteranos, de gestión estratégica de servicio completo para pequeñas empresas que asesora a líderes en operaciones comerciales que impulsan el cambio y la transformación con un enfoque en mejorar las funciones comerciales.

Luis tiene más de diez años de experiencia en negocios corporativos en una amplia variedad de posiciones de liderazgo, sirviendo a clientes a través de estrategias y desarrollo de negocios, operaciones de ventas, operaciones de remarketing, análisis de negocios y gestión de riesgos.

Comenzó su carrera corporativa en la industria automotriz de lujo como Analista de Desarrollo de Negocios trabajando para Mercedes-Benz, USA, LLC (MBUSA). Luego progresó para ocupar

Sus Opciones

puestos estratégicos como Analista nacional de ventas y remarketing, Analista comercial regional en Gestión general, Gestión de programas de ventas y marketing para Mercedes-Benz Financial Services, LLC (MBFS), para liquidación de activos y Gestión de riesgos tanto para MBUSA como para MBFS.

Luis es un líder estratégico y diplomático capaz de gestionar y motivar equipos multifuncionales en torno a una visión estratégica compartida. La pasión de Luis es cultivar relaciones con clientes, proveedores, líderes comerciales y asociados basados en la relación y la experiencia.

Luis es un ex-marine de los Estados Unidos con amplios viajes de negocios internacionales. Adquirió su experiencia internacional mientras vivía y trabajaba en el extranjero, lo que lo ayudó a desarrollar una perspectiva global. Tiene experiencia trabajando en operaciones de seguridad en las embajadas de los Estados Unidos en Europa y Asia.

Luis fue el fundador de Global CDH, una organización 501 (c) (3) sin fines de lucro que ayuda a niños y familias afectadas por hernia diafragmática.

Es un ultramaratonista que completa carreras de 50 millas y 100 millas mientras aprende de quedarse corto en otras carreras como las de 200 millas. Es un viajero ávido, que disfruta explorar culturas y le encanta ayudar a otros a tener éxito.

Originario de Passaic, Nueva Jersey, ha viajado a 28 países y anteriormente ha vivido en Moscú, Rusia y Sarajevo, Bosnia y Herzegovina.

Educación

OHIO STATE UNIVERSITY
Maestría, Administración de Negocios (Ejecutivo MBA)

SETON HALL UNIVERSITY
Maestría, Diplomacia de Desarrollo Económico y Relaciones Internacionales

SETON HALL UNIVERSITY
Licenciatura, Diplomacia y Relaciones Internacionales

PARK UNIVERSITY
AA, Administración de Justicia Criminal

Visite http://www.ramirezla.com/ para obtener información adicional.

Bibliografía

Abbinante, V. M. (2017). *Decisiones de política y respuestas basadas en opciones a tiradores activos en escuelas públicas*. Retrieved from Semantic Scholar: https://pdfs.semanticscholar.org/59f0/cc3f144eb3b9ec306a7bd8d51f93465d38e3.pdf

ABC 30. (2019, agosto 16). *La policía de Fresno arresta a una niña de 15 años después de que amenaza con terror contra su escuela secundaria*. Retrieved from ABC, Inc., KFSN-TV Fresno: https://abc30.com/fresno-police-arrest-15-year-old-girl-after-she-makes-terror-threats-against-her-high-school/5470808/

abc15.com staff. (2019, agosto 16). *Adolescente de Valley arrestado después de amenaza de escuela publicado en línea*. Retrieved from abc 15 Arizona: https://www.abc15.com/news/region-phoenix-metro/central-phoenix/valley-teenager-arrested-after-school-threat-posted-online

ALERRT. (2016). *Datos de tiradores activos de respuesta rápida de cumplimiento de la ley avanzada (ALERRT)*. Retrieved from Características del tirador activo: http://www.activeshooterdata.org/the-shooter.html

ALERRT. (2016). *Datos de tiradores activos de respuesta rápida de cumplimiento de la ley avanzada (ALERRT)*. Retrieved from Características del tirador activo: http://www.activeshooterdata.org/the-shooter.html

Alsup, S. A. (2019, agosto 14). *Los federales dicen en documentos de la corte que un adolescente amenazó a agentes y tenía un arsenal de armas y municiones*. Retrieved from CNN: https://apple.news/ADl6hbUU1R6y_kopNHA9zDw

Andersen, T. (2013, septiembre 18). *El tirador de Navy Yard tuvo un episodio extraño en R.I.* Retrieved from Boston Globe: https://www.bostonglobe.com/metro/2013/09/17/navy-yard-shooter-reported-hearing-voices-newport-victim-with-mass-ties-mourned/E1PkNY5nHe3euHp3sQRd8O/story.html

Averill, J. D. (2005, septiembre). *Edificio federal e investigación de seguridad contra incendios del desastre del World Trade Center: comportamiento de los ocupantes, egreso y comunicaciones de emergencia.* Retrieved from Instituto Nacional de Estándares y Tecnología: http://www.mingerfoundation.org/downloads/mobility/nist%20world%20trade%20center.pdf

azfamily.com News Staff. (2019, agosto 19). *Hombre de Phoenix acusado de amenazar con volar el centro de reclutamiento del ejército.* Retrieved from AZFamily | 3TV, CBS 5: https://www.azfamily.com/news/phoenix-man-accused-of-threatening-to-blow-up-army-recruiting/article_2ca10a4a-c2a3-11e9-b0bc-570318df8601.html

BabyBus. (2018, junio 11). *Evacuación de Fuego del Bebé Panda | Super equipo de rescate de bomberos | Consejos de seguridad para niños | BabyBus.* Retrieved from YouTube: https://www.youtube.com/watch?v=1Gwz1kEFLl4

Baron, C. (2019, agosto 19). *POLICÍA: El hombre publica amenazas de muerte después del altercado policial con perros.* Retrieved from Claremore Daily Progress: https://www.claremoreprogress.com/news/police-man-posts-death-threats-after-police-altercation-with-dogs/article_f8a9ab8c-c295-11e9-8cac-c7f34027987d.html

Bates, T. L. (2019, agosto 09). *Sospechoso de disparos en El Paso le dijo a la policía que estaba apuntando a 'mexicanos'. Esto es lo que debe saber*

sobre el caso. Retrieved from Time: https://time.com/5643110/el-paso-texas-mall-shooting/
Baucum, E. (2018, noviembre 05). *La suegra de Gunman habla sobre la masacre de la iglesia de Sutherland Springs*. Retrieved from News 4 San Antonio: https://news4sanantonio.com/news/local/gunmans-mother-in-law-opens-up-about-sutherland-springs-church-massacre
Bill Chappel, R. G. (2019, agosto 09). *Hombre portador de rifle enfrenta cargos de terrorismo después de causar pánico en Walmart en Missouri Facebook Twitter Flipboard Email*. Retrieved from NPR: https://www.npr.org/2019/08/09/749763786/rifle-carrying-man-arrested-after-causing-panic-at-walmart-in-missouri
Bill Chappel, R. G. (2019, August 09). *Rifle-Carrying Man Faces Terrorism Charge After Causing Panic At Walmart In Missouri Facebook Twitter Flipboard Email* . Retrieved from NPR: https://www.npr.org/2019/08/09/749763786/rifle-carrying-man-arrested-after-causing-panic-at-walmart-in-missouri
Bill Hutchinson, A. K. (2019, agosto 05). *Presunto tirador enfrentó a El Paso Walmart antes del alboroto que mató a 22 personas: agentes de la ley*. Retrieved from ABC News: https://abcnews.go.com/US/death-toll-rises-22-el-paso-shooting-victims/story?id=64780680
Blair, J. P. (2014). *Un estudio de incidentes de tiradores activos, 2000 - 2013*. Washington, D.C.: Universidad Estatal de Texas y Oficina Federal de Investigación, Departamento de Justicia de EE. UU.
Boyette, M. H. (2019, agosto 10). *Un hombre armado que causó pánico en un Walmart en Missouri dijo que era un "experimento social", dice la*

policía. Retrieved from CNN: https://apple.news/A9DoJdjzgSbqq78r5ikepPg

Brick, M. N. (2009, noviembre 06). *El vecino dice que Hasan le dio pertenencias antes del ataque.* Retrieved from The New York Times: https://www.nytimes.com/2009/11/07/us/07suspect.html?mtrref=www.google.com&gwh=EFFC1262DD2F26E70BE590A57E3D7D41&gwt=pay&assetType=REGIWALL

Buncombe, A. (2015, junio 29). *Dylan Roof: Los expertos creen que el sospechoso de disparos de Charleston fue autor de un manifiesto racista y se autoradicalizó en línea.* Retrieved from Independent: https://www.independent.co.uk/news/world/americas/dylan-roof-experts-believe-charleston-shooting-suspect-was-author-of-racist-manifesto-and-self-10353971.html

Burnett, C. B. (2019, agosto 11). *Adolescente bajo custodia después de la amenaza hacia Oak Grove High School.* Retrieved from WMBF News: https://www.wlbt.com/2019/08/12/teen-custody-after-threat-toward-oak-grove-high-school/

Carlisle, Z. (2019, agosto 16). *Arrestos por amenazas a la escuela Tupelo.* Retrieved from WTVA News: https://www.wtva.com/content/news/TPSD-Arrests-made-in-Tupelo-school-threats--547051411.html

CBS News. (2018, February 22). *New York teen who helped thwart apparent school shooting plot: "It's about lives," Text messages allegedly sent by Jack Sawyer to Angela McDevitt.* Retrieved from CBS News: https://www.cbsnews.com/news/new-york-teen-hailed-as-hero-for-reporting-friend-allegedly-planning-school-shooting/

CBS News. (2019, junio 2019). *Las cámaras del parque probablemente no ayudarán a la policía de Salt Lake City a encontrar a un estudiante universitario desaparecido en Utah.* Retrieved from CBS News:

https://www.cbsnews.com/news/mackenzie-lueck-missing-salt-lake-city-police-cant-use-hatch-park-cameras/

Christopher Bollinger, R. F.-T. (2018). *La violencia va a la universidad: la guía autorizada para la prevención, intervención y respuesta 3a edición*. Springfield, Illinois: Charles C Thomas Publisher Limited.

CNN. (2003, 10 20). *Sniper Trial in Virginia Beach, Virginia Opens* . Retrieved from CNN: http://transcripts.cnn.com/TRANSCRIPTS/0310/20/lad.1 1.html

Comité conjunto para crear una política nacional para mejorar la capacidad de supervivencia de los eventos intencionales de disparos de víctimas en masa. (2013, septiembre 01). *Tirador activo y eventos intencionales de víctimas masivas: el consenso de Hartford II*. Retrieved from Boletín del Colegio Americano de Cirujanos: http://bulletin.facs.org/2013/09/hartford-consensus-ii/

Congreso de los Estados Unidos. (2019). *Ley Pública 112–265: Congreso*. Retrieved from Congreso de los Estados Unidos: https://www.congress.gov/112/plaws/publ265/PLAW-112publ265.pdf

Dakin Andone, A. V. (2019, agosto 19). *Un hombre acusado de amenazar a un centro judío de Ohio se declaró nacionalista blanco en un documental, según la policía*. Retrieved from CNN: https://apple.news/A4NPldRVHQ7WGzKP8lVzmiA

Danziger, P. N. (2019, agosto 17). *Forbes*. Retrieved from A medida que aumenta la presión para que Walmart deje de vender armas, hay una solución comercial viable: https://www.forbes.com/sites/pamdanziger/2019/08/17/as-pressure-mounts-for-walmart-to-stop-selling-guns-there-is-a-workable-business-solution/#829bb8d7e092

Darran Simon, C. (2019, agosto 21). *Hombre de Chicago arrestado luego de presuntamente amenazar con matar a personas en una clínica de salud reproductiva para mujeres*. Retrieved from CNN: https://apple.news/Av51sQKI4Rl6eY2SoXVrB4w

Deerwester, J. (2019, agosto 09). *Azafata arrestada después de alertas de pasajeros Unidos: "Parece estar bastante borracha"*. Retrieved from USA Today: https://www.usatoday.com/story/travel/airline-news/2019/08/09/united-gets-complaint-after-fight-attendant-appears-drunk/1964652001/

Departamento de Estado de los Estados Unidos. (2019, abril 09). *Introducción de K Indicador de riesgo*. Retrieved from Departamento de Estado de los Estados Unidos: https://travel.state.gov/content/travel/en/News/international-travel-news/k-indicator.html

Departamento de justicia de EE. UU. (2018). *Incidentes de tiradores activos en los Estados Unidos en 2016 y 2017*. Washington, D.C.: El Centro de Entrenamiento de Respuesta Rápida de la Aplicación de la Ley Avanzada (ALERRT) en la Universidad Estatal de Texas y la Oficina Federal de Investigación.

Departamento de justicia de EE. UU. (2018). *Incidentes de tiradores activos en los Estados Unidos en 2016 y 2017*. Washington, D.C.: El Centro de Entrenamiento de Respuesta Rápida de la Aplicación de la Ley Avanzada (ALERRT) en la Universidad Estatal de Texas y la Oficina Federal de Investigación.

Departamento de justicia de EE. UU. (2018). *Incidentes de tiradores activos en los Estados Unidos en 2018*. Washington, D.C.: El Centro de Entrenamiento de Respuesta Rápida de la Aplicación de la Ley Avanzada (ALERRT) en la Universidad Estatal de Texas y la Oficina Federal de Investigación.

Departamento de justicia de EE. UU. (2019). *Incidentes de tiradores activos del 2000 al 2018*. Washington, D.C.: Departamento de Justicia de EE. UU., Oficina Federal de Investigación.

Departamento de justicia de EE. UU. (2019). *Incidentes de tiradores activos en los Estados Unidos en 2018*. Washington, D.C.: Centro de Entrenamiento de Respuesta Rápida de Cumplimiento de la Ley Avanzado (ALERRT) en la Universidad Estatal de Texas y la Oficina Federal de Investigación.

Departamento de policía de Harlingen. (2019, agosto 10). *Arresto de amenaza terrorista*. Retrieved from Comunicado de prensa del Departamento de Policía de Harlingen: http://www.myharlingen.us/upload/page/0579/2019-0058.pdf

Dominguez. (1994). ¿Se puede definir la conciencia de la situación? *Conciencia de la situación: documentos y bibliografía comentada. Informe AL / CF-TR-1994-0085*, 20.

El Colegio Americano de Cirujanos. (2017). *Detener el sangrado, salvar una vida*. Retrieved from BleedingControl.org: https://www.bleedingcontrol.org/-/media/bleedingcontrol/files/stop-the-bleed-booklet.ashx

El Colegio Americano de Cirujanos. (n.d.). *BleedingControl.org*. Retrieved from BleedingControl.org: https://www.bleedingcontrol.org/

El consejo editorial de Kansas City Star. (2019, August 02). *"Me pareció divertido": el condado de Wyandotte no tomó en serio la batería contra los empleados POR LA JUNTA EDITORIAL DE KANSAS CITY STAR Lea más aquí: https://www.kansascity.com/opinion/editorials/article233443172.html#storylink=cpy*. Retrieved from The Kansas City Star: https://www.kansascity.com/opinion/editorials/article233443172.html

Eli Rosenberg, M. B. (2017, noviembre 07). *Hombre armado de la iglesia de Texas escapó de un centro de salud mental en 2012 después de amenazar a superiores militares*. Retrieved from The Washington Post: https://www.washingtonpost.com/news/post-nation/wp/2017/11/07/as-texas-town-mourns-details-emerge-on-gunmans-methodical-tactics-in-church-massacre/

Endsley, M. R. (1995). Hacia una teoría de la conciencia de la situación en sistemas dinámicos. *Factores Humanos*, 32-64.

Eric R. Donley, J. W. (2019, junio 22). *Control de Hemorragia*. Retrieved from Centro Nacional de Información Biotecnológica: https://www.ncbi.nlm.nih.gov/books/NBK535393/

Faith Karimi, H. Y. (2019, agosto 16). *El hombre acusado de disparar a 6 policías de Filadelfia "no debería haber estado en las calles", dice DA*. Retrieved from CNN: https://apple.news/AWXBCezDMQy2V8_Ttk_P_ag

FBI, D. (2019, abril 10). *Incidentes de tiradores activos en los Estados Unidos en 2018*. Retrieved from Oficina Federal de Investigaciones: https://www.fbi.gov/file-repository/active-shooter-incidents-in-the-us-2018-041019.pdf/view

Felson, R. O. (2012). Tener un mal mes: efectos generales versus específicos del estrés sobre la delincuencia, 28. *Revista de Criminología Cuantitativa*, 347-363.

Fieldstadt, M. (2019, marzo 1). *Estudiante asesinado en ataque de UNC Charlotte aclamado como héroe por luchar contra presunto tirador*. Retrieved from NBC News: https://www.nbcnews.com/news/us-news/2-killed-4-wounded-university-north-carolina-charlotte-shooting-identified-n1000626

Fiscalía de los EE. UU. Distrito de Nevada. (2019, agosto 09). *Hombre de Las Vegas acusado de posesión de armas de fuego ilegales y dispositivos destructivos*. Retrieved from Departamento de Justicia de los Estados Unidos: https://www.justice.gov/usao-nv/pr/las-vegas-man-charged-possession-illegal-firearms-and-destructive-devices

Fiscalía de los Estados Unidos, Distrito Sur de Florida. (2019, agosto 20). *Hombre de Maryland arrestado por hacer múltiples amenazas para herir y matar hispanos*. Retrieved from Departamento de justicia de los Estados Unidos: https://www.justice.gov/usao-sdfl/pr/maryland-man-arrested-making-multiple-threats-injure-and-kill-hispanics

Fondo de Defensa Infantil. (2018, septiembre). *Los tiroteos escolares despiertan preocupaciones cotidianas: los niños y los padres piden escuelas y vecindarios seguros*. Retrieved from Fondo de Defensa Infantil: https://www.childrensdefense.org/wp-content/uploads/2018/09/YouGov-SafeSchools-Final-Sep-18-2018.pdf

Foster-Frau, S. (2018, febrero 06). *Exclusivo: la culpa y el dolor abruman a la suegra del pistolero Sutherland Springs*. Retrieved from San Antonio Express News: https://www.expressnews.com/news/local/article/Exclusive-Guilt-and-grief-overwhelm-the-12556616.php

FOX 17 NEWS. (2019, agosto 19). *Familia: Hombre acusado por amenazas en línea de un ex marine*. Retrieved from Fox 17 West Michigan: https://fox17online.com/2019/08/19/msp-man-arrested-for-threatening-videos-towards-ferris-state-hospitals/

Gajanan, M. (2018, March 01). *Kroger Will No Longer Sell Guns to People Under 21*. Retrieved from TIME: https://time.com/5180844/kroger-fred-meyer-guns/

Gajanan, M. (2018, marzo 01). *Kroger ya no venderá armas a personas menores de 21 años.* Retrieved from TIME: https://time.com/5180844/kroger-fred-meyer-guns/

Garcia, D. (2019, agosto 11). *Amenaza de "disparar" Walmart aterriza al hombre Harlingen con cargo terrorista.* Retrieved from KVEO News: https://www.kveo.com/news/threat-to-shoot-up-walmart-lands-harlingen-man-with-terrorist-charge/

Global News. (2019, abril 23). *Ataques en Sri Lanka: la policía publica imágenes, imágenes de presuntos suicidas.* Retrieved from YouTube.com: https://youtu.be/ED6-OPENVGg

GlobalNews. (2019, abril 23). *Ataques en Sri Lanka: la policía publica imágenes, imágenes de presuntos suicidas.* Retrieved from YouTube: https://www.youtube.com/watch?v=8-Slx7MWJVU

Gonzalez, R. (2018, abril 03). *Sospechoso en YouTube disparando enojado porque sus videos han sido 'desmonetizados'.* Retrieved from NPR: https://www.npr.org/sections/thetwo-way/2018/04/03/599261148/active-shooter-reported-at-youtube-hq-in-san-bruno-calif

Haddon, H. (2018, marzo 01). *Kroger dejará de vender armas a compradores menores de 21 años.* Retrieved from The Wall Street Journal: https://www.wsj.com/articles/kroger-to-stop-selling-guns-to-buyers-under-21-1519911901

Halaschak, Z. (2019, agosto 05). *Hombre de Florida amenaza con 'disparar' a Walmart en Tampu después de estar 'intrigado' por las masacres de El Paso y Dayton.* Retrieved from Washington Examiner: https://www.washingtonexaminer.com/news/florida-man-threatens-to-shoot-up-walmart-in-tampa-after-being-intrigued-by-el-paso-and-dayton-massacres

Hamilton, C. (2019, agosto 25). *Policía: el hombre amenazó con 'disparar' en el lugar de trabajo.* Retrieved from Cecil Daily:

https://www.cecildaily.com/police_and_fire_beat/police-man-threatened-mass-violence-at-elkton-area-workplace/article_dab756dd-cacf-50ef-8bac-5250b5e206bb.html

Hersher, R. (2016, noviembre 28). *El sospechoso de los disparos de la Iglesia Charleston se representará a sí mismo en un juicio de pena de muerte*. Retrieved from National Public Radio, INC (NPR): https://www.npr.org/sections/thetwo-way/2016/11/28/503580432/charleston-church-shooting-suspect-will-represent-himself-in-death-penalty-trial

Holcombe, M. (2019, agosto 18). *Un hombre es arrestado después de expresar interés en cometer un tiroteo masivo, dice el FBI*. Retrieved from CNN: https://apple.news/AFAd3RHV-QPu5F8zO038oQw

Ian Simpson, P. S. (2013, septiembre 25). *FBI publica video del tirador 'Delusional' Navy Yard*. Retrieved from Reuters: https://www.reuters.com/article/us-usa-military-navyyard/fbi-releases-video-of-delusional-navy-yard-shooter-idUSBRE98O0XU20130925

Inc., A. (2019, febrero 04). *Alphabet anuncia los resultados del cuarto trimestre y del año fiscal 2018*. Retrieved from abc.xyz: https://abc.xyz/investor/static/pdf/2018Q4_alphabet_earnings_release.pdf

Jones, C. (2018, noviembre 29). *La prohibición de Dick's Sporting Goods de algunas armas abolió las ventas. Pero un mercado de armas más débil también se hizo sentir*. Retrieved from USA Today: https://www.usatoday.com/story/money/2018/11/29/gun-ban-dents-sales-dicks-sporting-goods/2152134002/

Kamal, M. (2019, agosto 14). *POLICÍA: CHICA DE 15 AÑOS DETENIDA POR AMENAZAR A 'DISPARAR' ALBERT LEA HIGH SCHOOL*. Retrieved from KIMT 3

News: https://www.kimt.com/content/news/Police-Girl-15-arrested-for-threatening-to-shoot-up-Albert-Lea-High-School-542101931.html
Karanth, S. (2019, agosto 11). *Hombre de Florida arrestado por amenazar con disparar a Walmart después de la masacre de El Paso*. Retrieved from The HuffPost: https://www.huffpost.com/entry/white-supremacist-florida-arrested-threat-shooting-walmart_n_5d50ce3fe4b0fc06ace9ac46
KATC News. (2019, mayo 13). *No se presentaron cargos después de que el hombre se encerró en su casa*. Retrieved from KATC News: https://katc.com/news/around-acadiana/iberia-parish/2019/05/13/suspect-barricaded-in-house-two-schools-on-lock-down/
Kelly, R. W. (2012). *Recomendaciones y análisis de tiradores activos para mitigar riesgos*. Nueva York, Nueva York: Departamento de policía de la ciudad de Nueva York.
KELOLAND News. (2019, agosto 20). *Hombre de Rapid City arrestado por amenazas, daños y drogas*. Retrieved from Keloland Television: https://www.keloland.com/news/local-news/rapid-city-man-arrested-for-threats-damage-and-drugs/
Khushbu Shah, S. C. (2019, abril 23). *Ataques del domingo de Pascua en Sri Lanka: Lo Que Sabemos*. Retrieved from Vox Media: https://www.vox.com/2019/4/21/18509739/sri-lanka-easter-sunday-attacks-terrorist
KITV Web Staff. (2019, agosto 19). *La policía de Maui arresta a un joven de 18 años por amenazas terroristas*. Retrieved from KITV 4 Island News: https://www.kitv.com/story/40936679/maui-police-arrest-18yearold-for-terroristic-threatening
KLFY. (2018, diciembre 13). *La policía de Ville Platte investiga la amenaza del campus publicada en Instagram*. Retrieved from

KLFY: https://www.klfy.com/news/ville-platte-police-investigate-campus-threat-posted-on-instagram/

Lankford, A. (2013). Tiradores masivos en los Estados Unidos, 1966–2010: diferencias entre atacantes que viven y mueren. *Justice Quarterly*, 1-20.

Martin, J. (2019, agosto 20). *Conductor de camión arrestado por amenazar con tiroteos masivos en la iglesia de Memphis: FBI*. Retrieved from TIME: https://time.com/5656681/memphis-church-shooting-threat/

Mayo Clinic Staff. (2019, agosto 10). *El estrés crónico pone en riesgo su salud: el estrés crónico puede causar estragos en su mente y cuerpo. Toma medidas para controlar tu estrés.* Retrieved from Mayo Clinic Estilo de vida saludable Manejo del estrés: https://www.mayoclinic.org/healthy-lifestyle/stress-management/in-depth/stress/art-20046037

Moser, L. N. (2019, julio 17). *North Salt Lake reemplazará las cámaras "falsas" en el parque donde desapareció Mackenzie Lueck*. Retrieved from kls.com: https://www.ksl.com/article/46596293/north-salt-lake-will-replace-dummy-cameras-at-park-where-mackenzie-lueck-disappeared

Mullerat, R. (2010). *Responsabilidad social corporativa internacional*. The Netherlands: Kluwer Law International BV, The Netherlands.

Nassauer, S. (2018, diciembre 04). *Cómo los artículos deportivos de Dick decidieron cambiar su política de armas*. Retrieved from The Wall Street Journal: https://www.wsj.com/articles/how-dicks-sporting-goods-decided-to-change-its-gun-policy-1543955262

Nassauer, S. (2018, December 04). *How Dick's Sporting Goods Decided to Change Its Gun Policy* . Retrieved from The Wall Street

Journal: https://www.wsj.com/articles/how-dicks-sporting-goods-decided-to-change-its-gun-policy-1543955262

Natalie Neysa Alund, K. B. (2019, agosto 01). *Tiroteo en Southaven Walmart: dos muertos, al menos dos heridos en un ataque en el lugar de trabajo*. Retrieved from Commercial Appeal: https://www.commercialappeal.com/story/news/2019/07/30/southaven-mississippi-walmart-shooting-police-respond-report-active-shooter/1864992001/

Nina Keck, L. E.-C. (2019, mayo 28). *Este adolescente planeó un tiroteo en la escuela. ¿Pero infringió la ley? ESCUCHA · 5:33*. Retrieved from NPR: https://www.npr.org/2019/05/28/724347494/this-teen-planned-a-school-shooting-but-did-he-break-the-law

Nottingham, H. K. (2019, agosto 18). *Un hombre fue arrestado en Florida por amenazar con abrir fuego contra una gran multitud de personas*. Retrieved from CNN: https://apple.news/AZ5dClYOuSXW1HW4awQvRcw

NPR News. (2009, noviembre 11). *Funcionarios de Walter Reed plantearon preocupaciones sobre Hasan*. Retrieved from National Public Radio, Inc (NPR): https://www.npr.org/templates/story/story.php?storyId=120325699

O'connor, C. H. (2007, abril 16). *Incidente de tiroteo en Virginia Tech deja 33 muertos*. Retrieved from The New York Times: https://www.nytimes.com/2007/04/16/us/16cnd-shooting.html?mtrref=www.google.com&assetType=REGIWALL

O'Kane, C. (2019, August 5). *Army soldier saves multiple children during El Paso rampage: "I did that because that is what I was trained to do"*. Retrieved from CBS News: https://www.cbsnews.com/news/off-duty-army-soldier-saves-multiple-children-during-el-paso-rampage-i-did-that-because-that-is-what-i-was-trained-to-do/

O'Kane, C. (2019, agosto 5). *Soldado del ejército salva a varios niños durante el alboroto de El Paso: "Lo hice porque eso es lo que me entrenaron para hacer".* Retrieved from CBS News: https://www.cbsnews.com/news/off-duty-army-soldier-saves-multiple-children-during-el-paso-rampage-i-did-that-because-that-is-what-i-was-trained-to-do/

O'Kane, C. (2019, agosto 5). *Soldado del ejército salva a varios niños durante el alboroto de El Paso: "Lo hice porque eso es lo que me entrenaron para hacer".* Retrieved from CBS News: https://www.cbsnews.com/news/off-duty-army-soldier-saves-multiple-children-during-el-paso-rampage-i-did-that-because-that-is-what-i-was-trained-to-do/

Organización Mundial de la Salud. (2002). *Pautas marco para abordar la violencia en el lugar de trabajo en el sector de la salud.* Retrieved from Organización Mundial de la Salud: https://www.who.int/violence_injury_prevention/violence/interpersonal/en/WVguidelinesEN.pdf?ua=1&ua=1

Paul, D. (2019, agosto 26). *La tercera acusación de Harvey Weinstein podría abrir la puerta para que la actriz Annabella Sciorra tome posición.* Retrieved from The Washington Post: https://www.washingtonpost.com/arts-entertainment/2019/08/26/harvey-weinsteins-third-indictment-could-open-door-another-accuser-take-stand/

Ramirez, L. A. (2019). *Estado Mental Proactivo Conciencia Situacional y Preparación.* Columbus, Ohio: Auto Publicado.

Robles, F. (2015, junio 20). *Las fotos de Dylann Roof y un manifiesto se publican en el sitio web.* Retrieved from The New York Times: https://www.nytimes.com/2015/06/21/us/dylann-storm-roof-photos-website-charleston-church-shooting.html

Rocque, M. (2012). Explorando los tiroteos violentos en la escuela: investigación, teoría y política. *The Social Science Journal*, 49(3), 304-313.

Sari Horwitz, C. H. (2015, junio 20). *Lo que sabemos hasta ahora sobre el sospechoso de disparos de la iglesia de Charleston Dylann Roof.* Retrieved from The Washington Post: https://www.washingtonpost.com/news/post-nation/wp/2015/06/20/what-we-know-so-far-about-charleston-church-shooting-suspect-dylann-roof/?noredirect=on

Schenck v. Estados Unidos, 249 (U.S. 47, 49-51 1917).

Schmidt, C. (2019, junio 22). *UA lanzó sondas hostiles en el lugar de trabajo, sondas de acoso sexual en el programa de administrador de equipos de fútbol.* Retrieved from tucson.com: https://tucson.com/sports/arizonawildcats/ua-launched-hostile-workplace-sexual-harassment-probes-in-football-equipment/article_e6a18623-3abd-519f-9dfa-647f178bd8ce.html

Servicio Secreto de EE. UU. (2019, julio). *Servicio Secreto de los Estados Unidos Centro Nacional de Evaluación de Amenazas Ataques masivos en espacios públicos - 2018.* Retrieved from Centro Nacional de Evaluación de Amenazas del Servicio Secreto de los Estados Unidos: https://www.secretservice.gov/data/press/reports/USSS_FY2019_MAPS.pdf

Servicio Secreto de EE. UU. (2019, julio). *Servicio Secreto de los Estados Unidos Centro Nacional de Evaluación de Amenazas Ataques masivos en espacios públicos - 2018.* Retrieved from Centro Nacional de Evaluación de Amenazas del Servicio Secreto de los Estados Unidos:

https://www.secretservice.gov/data/press/reports/USSS_FY2019_MAPS.pdf

Servicio Secreto de EE. UU. (2019, julio). *Servicio Secreto de los Estados Unidos Centro Nacional de Evaluación de Amenazas Ataques masivos en espacios públicos - 2018.* Retrieved from Centro Nacional de Evaluación de Amenazas del Servicio Secreto de los Estados Unidos:

https://www.secretservice.gov/data/press/reports/USSS_FY2019_MAPS.pdf

Servicio Secreto de EE. UU. (2019, julio). *Servicio Secreto de los Estados Unidos Centro Nacional de Evaluación de Amenazas Ataques masivos en espacios públicos - 2018.* Retrieved from Centro Nacional de Evaluación de Amenazas del Servicio Secreto de los Estados Unidos:

https://www.secretservice.gov/data/press/reports/USSS_FY2019_MAPS.pdf

Servicio Secreto de EE. UU. (2019, julio). *Servicio Secreto de los Estados Unidos Centro Nacional de Evaluación de Amenazas Ataques masivos en espacios públicos - 2018.* Retrieved from Centro Nacional de Evaluación de Amenazas del Servicio Secreto de los Estados Unidos:

https://www.secretservice.gov/data/press/reports/USSS_FY2019_MAPS.pdf

Servicio Secreto de EE. UU. (2019, julio). *Servicio Secreto de los Estados Unidos Centro Nacional de Evaluación de Amenazas Ataques masivos en espacios públicos - 2018.* Retrieved from Centro Nacional de Evaluación de Amenazas del Servicio Secreto de los Estados Unidos:

https://www.secretservice.gov/data/press/reports/USSS_FY2019_MAPS.pdf

Silver, J. S. (2018). *Un estudio de los comportamientos previos al ataque de tiradores activos en los Estados Unidos entre 2000 y 2013.* Washington, D.C.: Oficina Federal de Investigaciones, Departamento de Justicia de EE. UU.

Sutton, S. (2019, agosto 20). *Estudiante de secundaria de Florida arrestado tras publicar amenaza de disparos en el chat de video.* Retrieved from WPTV 5 News: https://www.wptv.com/news/state/florida-high-school-student-arrested-after-posting-shooting-threat-on-video-game-chat

Ta, T. (2019, agosto 12). *Hombre de Charles Town arrestado por supuestas amenazas terroristas.* Retrieved from Nexstar Broadcasting, Inc.: https://www.localdvm.com/news/west-virginia/charles-town-man-arrested-for-alleged-terror-threats/

The Associated Press. (2009, noviembre 07). *Señales de advertencia claras, dice el colega de Hasan.* Retrieved from NBC News: http://www.nbcnews.com/id/33753461/ns/us_news-tragedy_at_fort_hood/t/clear-warning-signs-hasans-colleagues-say/#.XXwkIlB7kWo

The Associated Press. (2019, agosto 09). *Un hombre armado en Walmart dice que estaba probando el derecho a portar armas.* Retrieved from The Associated Press: https://www.apnews.com/d7b0e50de7ba4e059c5e6e6098deeda7

The Guardian, O. L. (n.d.). *El FBI investiga el sitio web y el manifiesto vinculado al sospechoso de disparos de Charleston Dylann Roof.* Retrieved from The Guardian: https://www.theguardian.com/us-news/2015/jun/20/fbi-investigates-website-manifesto-charleston-shooting-suspect-dylann-roof

The Monitor. (2019, agosto 8). *La policía de Weslaco acusa a un niño de 13 años en el caso de amenaza de Walmart.* Retrieved from The Monitor:
https://www.themonitor.com/2019/08/08/weslaco-police-charges-13-year-old-walmart-threat-case/

TOMS. (n.d.). *Poner fin a la violencia armada Juntos estamos tomando una posición sobre los asuntos que importan.* Retrieved from TOMS:
https://stories.toms.com/EGV-Giving/index.html

USDOL BLS. (2018, noviembre 8). *LESIONES Y ENFERMEDADES INFORMADAS POR EL EMPLEADOR EN EL LUGAR DE TRABAJO - 2017.* Retrieved from Comunicado de prensa BLS:
https://www.bls.gov/news.release/pdf/osh.pdf

USDOL. (n.d.). *Violencia en el trabajo.* Retrieved from Administración de Seguridad y Salud:
https://www.osha.gov/SLTC/workplaceviolence/

Walker, I. (2019, junio 30). *Su negocio no puede permitirse ignorar los riesgos de violencia en el lugar de trabajo por más tiempo.* Retrieved from Forbes:
https://www.forbes.com/sites/ivywalker/2019/06/30/workplace-violence/#7c7929e817f2

Walmart Inc. (2019, agosto 19). *Ganancias del segundo trimestre del año fiscal 2020 15 de agosto de 2019.* Retrieved from Walmart Inc.:
https://corporate.walmart.com/media-library/document/q2-fy20-management-summary/_proxyDocument?id=0000016c-932e-dafb-a57f-f37efbfa0000

Weise, K. (2019, enero 16). *Microsoft promete $500 millones para viviendas asequibles en el área de Seattle.* Retrieved from The New York Times:
https://www.nytimes.com/2019/01/16/technology/micros

oft-affordable-housing-
seattle.html?elqTrackId=14566dd7c4dc493ca22443a67db2b0
de&elq=eefc450eeb0a452f8a729b841bfda050&elqaid=21989
&elqat=1&elqCampaignId=10758

WFTS Digital Staff. (2019, agosto 10). *'No vayas a Walmart la próxima semana:' arrestan a hombre de Winter Park por publicar amenazas en línea.* Retrieved from ABC Action News: https://www.abcactionnews.com/news/state/dont-go-to-walmart-next-week-winter-park-man-arrested-for-posting-threats-online

Wigglesworth, A. (2019, agosto 21). *Cocinero descontento con armas de alta potencia amenazó con disparar masivamente en el hotel de Long Beach, según la policía.* Retrieved from LA Times: https://www.latimes.com/california/story/2019-08-21/police-arrest-hotel-cook-allegedly-threatening-to-shoot-up-marriott-long-beach

Wildeman, M. K. (2019, agosto 12). *MUSC investiga la agresión sexual de una de sus enfermeras en el Instituto de Psiquiatría.* Retrieved from The Post and Courier: https://www.postandcourier.com/health/musc-investigating-sexual-assault-of-one-of-its-nurses-at/article_8c51a226-bd1a-11e9-aea9-eb361b5af517.html

WPTV Webteam. (2019, agosto 12). *Mamá molesta con la rezonificación amenaza con disparar en la escuela primaria de Florida.* Retrieved from ABC Action News: https://www.abcactionnews.com/news/state/mom-upset-with-rezoning-threatens-shooting-at-florida-elementary-school

Yan, M. (2019, mayo 15). *Los sospechosos de disparos en Colorado enfrentan 48 cargos, incluido el joven de 16 años acusado de adulto.* Retrieved from CNN:

https://www.cnn.com/2019/05/15/us/colorado-suspects-court-hearing-kendrick-castillo-memorial/index.html

Yglesias, M. (2015, junio 20). *Charleston dispara superficies del manifiesto aparente del sospechoso Dylann Roof.* Retrieved from Vox: https://www.vox.com/2015/6/20/8818389/dylann-roof-manifesto

Zegart, A. (2015). Amenazas internas y causas fundamentales de la organización: el ataque terrorista de Fort Hood 2009. *Parámetros trimestrales del ejército de EE. UU. Vol. 45 No. 2 Verano 2015,* 35-46.

Zennie, A. D. (2019, agosto 09). *El tiroteo de Dayton duró solo 32 segundos y dejó 9 muertos. Aquí está lo último sobre la tragedia.* Retrieved from Time: https://time.com/5643405/what-to-know-shooting-dayton-ohio/

Índice

1

12. T&T Trucking, Inc. 77

A

Actitud 24, 146, 186, 231
Adrenalina 188
Agresión Sexual 120, 121, 122, 259
Ambiente 114, 115, 149, 207
Amenaza .. vii, 5, 7, 13, 15, 25, 26, 27, 29, 30, 33, 35, 36, 37, 38, 39, 40, 46, 53, 54, 55, 56, 57, 58, 67, 68, 69, 71, 72, 73, 76, 78, 83, 110, 117, 118, 126, 143, 144, 149, 150, 153, 156, 161, 162, 163, 169, 171, 172, 177, 182, 195, 203, 216, 240, 243, 246, 249, 251, 257, 258, 259
Asesinato en Masa 68, 74, 96
Autoconciencia 24
Aviación 31
Abuso Emocional 121
Acoso 45, 117, 121, 122, 133, 222, 255
Actitud Mental Positiva 186
Alaska 37, 88, 213, 214
Almacén Ben E. Keith 77, 78, 88, 90, 91
Amazon 210
Armas .... ix, 18, 36, 37, 43, 45, 46, 56, 57, 88, 95, 116, 138, 146, 182, 212, 213, 214, 215, 221,

222, 226, 231, 240, 244, 247, 249, 250, 252, 257, 259
Autocomplacencia 7, 11, 17
Autopista 365 cerca de Whitehall Road 79
Autopista 509 cerca del aeropuerto internacional de Seattle-Tacoma 79

B

Banderas Rojas 35, 137
Bar Ned Peppers 123
Barreras 12, 167, 168, 169, 181, 182
Barrier 164
Bath School 82
Bath Township, Michigan 82
Barricadas 168, 169, 194
Bienes 71, 110, 206
Ben E. Keith Albuquerque 78
Ben E. Keith Gulf Coast 77
Borderline Bar and Grill 76
Burris Logistics 122, 123

C

Cámara de Comercio Internacional 207
Capital Gazette 77
Carolina del Sur 81, 122, 135
Campo de Fuego 98, 160, 163, 175, 185
Comprensión 5, 25, 27, 29, 85, 216

Comunicación. 31, 115, 119, 129, 139, 140, 141, 142, 144, 155, 216, 232
Conciencia. x, 4, 9, 27, 29, 31, 32, 33, 37, 38, 39, 40, 125, 144, 165, 207, 208, 246, 247
Control de Armas............ 211, 213
Correr..... 155, 157, 159, 160, 162, 163, 198
Cortisol............................... 188
Centro de Distribución Rite Aid Perryman............................ 77
Centro Médico Militar Nacional Walter Reed 137
City Grill Café 75
Clovis-Carver Public Library ... 80
Comisión de la Unión Europea 207
Comportamiento ... 11, 20, 26, 34, 35, 36, 41, 42, 43, 45, 46, 47, 48, 60, 107, 108, 117, 120, 121, 126, 129, 134, 135, 138, 139, 141, 218, 221, 222, 228, 231, 232, 241

D

Dayton Ohio...... 53, 124, 146, 249, 260
Departamento de Policía del Condado de Prince George 80
Dick's Sporting Goods Inc. ... 212
Dixon High School 78
Doors..................................... 164

E

Estrategia ... 19, 25, 148, 149, 151, 152, 155, 166, 175, 195, 211
Evadir 5, 102, 161
El Paso

Texas 7, 53, 124, 146, 182, 241, 242, 249, 251, 253, 254
Encierro....................................... 203
Equipo de Combate................... 35
Escapar 161, 164, 166, 178
Esconderse...... 159, 160, 166, 169
Escuela Secundaria de Columbine............................. 83
Escuela STEM Highlands Ranch 186

F

Facebook 54, 55, 56, 99, 144, 145, 242
FBI
Oficina Federal de Investigaciones de los Estados Unidos .. 54, 55, 56, 69, 70, 74, 85, 91, 93, 94, 95, 96, 98, 100, 101, 124, 126, 128, 132, 137, 139, 140, 141, 142, 144, 228, 231, 236, 247, 250, 252, 257
Festival de Música Route 91 Harvest............................. 89
Fisiológico 187
Fidelis .... viii, 203, 237
Fifth Third Center 76
Fisiológica..................... 157, 189
Fort Lauderdale............. 80, 88, 93
Fred Meyer 214

G

GLHF Game Bar...................... 76
Gobierno Unificado del Condado de Wyandotte y Kansas City 121
Google 68

H

Harvey Weinstein 122, 254
Helen Vine Recovery Center ... 80
Hipotálamo 188

I

Iglesia de Cristo Burnette Chapel
.... 81
Iglesia Episcopal Metodista
    Africana Emanuel 81, 135
Incidentes .. ix, 2, 3, 21, 27, 43, 53,
    67, 68, 69, 70, 74, 75, 76, 78,
    79, 80, 81, 82, 84, 86, 91, 92,
    93, 94, 95, 96, 97, 98, 101,
    103, 108, 112, 117, 123, 126,
    129, 140, 141, 146, 148, 168,
    174, 202, 204, 205, 211, 215,
    217, 220, 236, 242
**Investigación, Planificación,
    Preparación** 43
Incertidumbre .ix, x, 9, 20, 22, 68,
    153, 205
Indicadores de Amenazas .. 10, 46
Instagram 59, 143, 144, 251
Instituto Nacional de Estándares
    y Tecnología 150, 241
I*ntuición* .1, 5, 6, 7, 8, 9, 11, 25, 30,
    61, 160
Investigación, Planificación,
    Preparación 221

K

Kendrick Castillo 186
Kroger 76, 213, 214, 248, 249

L

La X
    Moverse de la 162

Las Vegas
    Nevada 54, 88, 89, 91, 247
Lenguaje Corporal 49, 50, 223
Littleton, Colorado 83

M

Mandalay Bay Hotel and Casino
.... 89
Marjory Stoneman Douglas High
    School de Parkland 144
Marriot 123
Marshall County High School .. 78
Maryland Park Junior High 83
Masontown Borough Municipal
    Center 80
Memoria Muscular 60, 61, 62, 65,
    154, 155, 234
Manifiesto 31, 135, 136, 243, 254,
    257, 260
Manos 14, 36, 47, 51, 166, 198,
    199, 214
Modelo Mental 4, 6, 7, 30, 31,
    154, 234
Motel 6 76
Motivación 125, 126, 135, 188

N

Newtown, Connecticut 83
Negocio .... viii, 3, 35, 68, 75, 99,
    105, 106, 111, 114, 117, 118,
    122, 144, 150, 154, 206, 233,
    237, 258
Noblesville West Middle School
.... 79
Northern Illinois University 83
Nueva York 37, 206, 251

O

Objetivo ..... x, 4, 6, 58, 65, 68, 99, 104, 125, 134, 135, 139, 142, 161, 166, 171, 175, 182, 184, 185, 187, 189, 195, 200, 209, 232
Objetivos Duros 101
Ojos 46, 184
Obstruir............. 13, 166, 167, 178

P

Parkland
 Florida 78, 145, 212, 214
Percepción 25, 28, 67, 112, 132
Perpetrador 14, 36, 51, 63, 64, 65, 86, 87, 88, 91, 99, 100, 124, 131, 134, 137, 160, 169, 171, 174, 182, 183, 184, 185
Personas .. x, xi, 3, 5, 9, 10, 15, 16, 17, 18, 19, 20, 21, 22, 25, 26, 30, 34, 36, 37, 38, 41, 42, 46, 53, 54, 56, 57, 58, 60, 63, 64, 67, 68, 69, 71, 73, 75, 81, 82, 83, 84, 85, 86, 87, 88, 89, 90, 98, 99, 100, 101, 102, 104, 106, 107, 108, 109, 110, 111, 113, 118,121, 124, 128, 129, 130, 139, 141, 146, 149, 150, 151, 152, 157, 162, 166, 179, 180, 182, 194, 202, 205, 206, 209, 214, 215, 216, 217, 218, 242, 245, 249, 253
Petardos 38
Pilotos..................................31, 32
Pittsburgh, Pensilvania.............. 81
Policía ...52, 53, 54, 55, 56, 57, 58, 59, 64, 65, 73, 86, 87, 88, 89, 90, 92, 95, 96, 101, 112, 123, 141, 143, 146, 169, 176, 177, 178, 180, 194, 203, 215, 216, 240, 241, 243, 244, 246, 249, 251, 258, 259
Psicológica.......118, 126, 228, 229
Psicológico 118, 187
Puertas . 10, 13, 87, 165, 167, 168, 170, 178, 218
Primera Iglesia Bautista...... 81, 99
Proactivas 20, 21, 145
Proactivo . 3, 4, 19, 20, 21, 22, 23, 32, 33, 103, 128, 139, 149, 157
Proyección.......24, 25, 29, 31, 220

R

Restaurante Louie's Lakeside ...76
Riesgo... 12, 16, 18, 28, 44, 52, 71, 75, 76, 107, 108, 109, 110, 111, 112, 113, 114, 115, 116, 117, 141, 146, 151, 153, 159, 165, 170, 174, 185, 189, 196, 198, 199, 204, 212, 216, 217, 221, 245, 252
Riley Howell..............................187
Redes Sociales.. 42, 44, 45, 52, 53, 55, 56, 59, 60, 135, 140, 144, 222
Responsabilidad Social
 Corporativa 205, 207
Ritmo Cardíaco 188

S

Sandy Hook 83, 212
Santa Fe High School................78
Schenck v. Estados Unidos 52
Seguro 25, 30, 32, 46, 52, 88, 114, 157, 160, 163, 164, 166, 171, 213

Servicio Secreto de los Estados Unidos 41, 217, 255, 256
Sri Lanka 9, 36, 249, 251
Segura ..... vii, 7, 28, 166, 169, 175, 181
Seguridad .. iii, viii, ix, x, 6, 10, 12, 13, 14, 15, 16, 17, 18, 19, 23, 26, 27, 38, 39, 65, 67, 68, 75, 78, 83, 94, 108, 110, 111, 112, 113, 129, 142, 150, 153, 154, 161, 167, 168, 170, 171, 175, 176, 177, 178, 179, 180, 181, 182, 186, 203, 218, 219, 233, 237, 238, 241
Seguridad Física 10, 12, 13, 14, 68, 113, 203, 218, 219
Señal de Advertencia 43, 119, 144
Señal de Advertencia de Violencia 119
Simulacros 153, 203, 204
Socialmente Consciente 209
Supervivencia 3, 12, 33, 148, 149, 158, 159, 162, 169, 178, 181, 184, 192, 202, 244
Suicida 42, 221

T

Tallahassee Hot Yoga 90
The Children's Defense Fund 204
Tirador Activo
   Amenaza x, 7, 8, 14, 40, 44, 61, 68, 71, 72, 73, 74, 75, 76, 77, 78, 79, 80, 81, 84, 85, 99, 100, 101, 124, 126, 127, 128, 130, 132, 143, 149, 153, 156, 159, 161, 162, 166, 170, 171, 174, 182, 183, 185, 186, 194, 202, 203, 204, 216, 228, 229, 230, 231, 240
TOMS 208, 209, 210, 258
Terroristas 56, 57, 84, 251, 257
Totalidad de las Circunstancias .23, 39, 42, 126, 129, 130, 141, 142, 157

U

United Airlines 123
Universidad de Arizona 122
Universidad de California 84
Universidad de Texas 83
Universidad de Utah 16
Universidad Estatal de California en Fullerton 83

V

Variables .. 8, 9, 10, 12, 23, 31, 33, 40, 62, 73
Vestimenta 34, 35, 46
Virginia Tech .83, 86, 91, 93, 152, 253
Violencia Armada iv, xi, 209, 210, 258
Violencia en el Lugar de Trabajo 79, 104, 108, 115, 117, 118, 119, 121, 123, 254, 258
Violencia en el Trabajo .. 110, 118
Voz 36, 51, 64, 123
Vulnerabilidad 17, 18, 71, 72, 165, 181, 203

W

Waffle House 75
Walmart 7, 53, 54, 55, 57, 123, 124, 146, 182, 183, 212, 213, 242, 244, 249, 251, 253, 257, 258, 259

West Nickel Mines, Pensilvania 83
World Trade Center 150, 151, 155, 241
WTS Paradigm 77

Y

YouTube LLC 10, 69, 77, 241, 249

Z

Zona de Confort 11

www.ingramcontent.com/pod-product-compliance
Lightning Source LLC
Chambersburg PA
CBHW021352210526
45463CB00001B/76